Florence GILLET-GOINARD
Hugues MOLET
Gaëlle MONTEILLER

Happy management

Osez manager par l'enthousiasme !

DUNOD

Autres ouvrages de Florence Gillet-Goinard :

– *La Boîte à outils de mon Parcours professionnel*, avec Bernard Seno, 2016.
– *Toute la fonction production*, avec Laurent Maimi, 2e éd., 2015.
– *La Boîte à outils de la Relation client*, avec Laurence Chabry et Raphaëlle Jourdan, 2014.
– *Toute la fonction QSSE*, avec Christel Monar, 2013.
– *La Boîte à outils en Santé-Sécurité-Environnement*, avec Christel Monar, 2e éd., 2013.
– *La Boîte à outils du Responsable qualité*, avec Bernard Seno, 2e éd., 2012.

Mise en page : Belle Page

11 rue Paul Bert, 92240 Malakoff
www.dunod.com

ISBN 978-2-10-074356-8

« Rien de grand n'a été accompli
sans l'enthousiasme dans le monde. »
Emmanuel Kant

« Les seules limites de demain,
ce sont nos doutes et nos hésitations d'aujourd'hui. »
Franklin Roosevelt

TABLE DES MATIÈRES

PRÉFACE

Lorsque les auteurs de cet ouvrage m'ont proposé de participer à leur œuvre en rédigeant la préface d'un ouvrage orienté vers le management et l'entreprise, j'ai tout d'abord cru à une confusion ou une plaisanterie. En effet, chef de l'orchestre de la Garde républicaine depuis presque 20 ans, mon métier ne me prédisposait pas *a priori* à rédiger une telle préface.

Mais leur détermination et surtout la lecture de leurs témoignages et de leurs réflexions m'ont convaincu que je pouvais apporter à leurs lecteurs, à mon échelle, un message sur l'enthousiasme.

Leur proposition m'a ainsi invité à réfléchir aux relations que j'entretiens avec mes musiciens mais aussi avec la hiérarchie, omniprésente dans notre formation.

Un orchestre est en effet une véritable entreprise où chacun tient une place définie, que ce soit chacun des musiciens ou chaque membre de l'équipe technique et administrative.

Ainsi l'analogie prenait forme : n'étais-je pas un manager au sein d'une entreprise (la Garde républicaine) produisant des œuvres avec des femmes et des hommes dont la restitution finale n'est autre que la résultante d'une accumulation de talents, de techniques et de savoir-faire ? Tous ces talents et compétences sont orchestrés dans le vrai sens du terme par le chef d'orchestre-manager, dont le rôle est de comprendre, d'entraîner, de motiver et d'apporter cet enthousiasme, pour parvenir à la meilleure prestation possible.

Je me retrouvais donc en accord, toutes proportions gardées, avec ces capitaines d'industrie décrits dans cet ouvrage et qui nous donnent cette furieuse envie de réussir.

Qu'est donc cet individu qui s'agite en permanence devant l'orchestre ? En quelques notes de musique, par son action, son attitude, le chef d'orchestre doit transporter *via* sa formation le public dans un autre univers, transformer la réalité présente et emmener l'auditoire dans un monde merveilleux empreint de poésie, de fougue, de passion ou de recueillement : que le public ressorte avec l'illusion de se retrouver dans un monde meilleur.

Mon métier, c'est d'accompagner les joies et les peines de la nation, de célébrer la grandeur du pays, de ponctuer les temps forts patriotiques ou les réceptions internationales et enfin d'apporter une touche artistique dans les maillons de l'État.

Pour réussir un concert, il ne suffit pas que chaque musicien joue sa propre partition aussi parfaitement que possible. L'émotion de la musique naît d'ailleurs. Elle naît d'une compréhension partagée de l'œuvre, de l'écoute mutuelle, du respect de son art et aussi des relations humaines au sein de l'orchestre.

Le chef d'orchestre propage l'enthousiasme au sein de la formation. Cet enthousiasme sera alors renvoyé à l'auditoire. À cet instant, la magie opère. De nouvelles sensations fascinantes apportent des instants de grâce et d'élévation vers un monde meilleur.

J'ai retrouvé dans l'ouvrage *Happy management* les mêmes valeurs managériales qui animent le chef d'orchestre : la recherche de l'excellence, la confiance, le partage, le respect ou l'audace.

Que ce soit dans le monde musical, l'armée, l'entreprise, ou l'éducation, les mêmes valeurs se retrouvent et caractérisent ce management par l'enthousiasme, capable d'entraîner les foules.

Ce livre est un ouvrage résolument optimiste sur la valeur des hommes et des femmes. C'est un livre qui fait du bien.

Colonel François Boulanger,
chef d'orchestre de la Garde républicaine

AVANT-PROPOS

Nous étions trois enthousiastes dans des domaines professionnels différents, l'industrie, le conseil et l'enseignement, confrontés chaque jour à une ambiguïté flagrante : l'austérité collective parfois forte du monde professionnel d'une part et d'autre part le désir des acteurs de voir bouger les choses.

Nous constations beaucoup de résignation face à des structures parfois lourdes mais puissantes, face à des *process* inefficaces ou *reporting* sans intérêt, face à des rites et des codes à respecter pour survivre. Nous entendions pourtant tous les trois l'aspiration générale à un autre monde professionnel, plus épanouissant pour la personne, plus collectif, laissant plus de place aux émotions et aux relations humaines.

Cette aspiration générale nous est apparue encore plus vraie chez les jeunes générations, surtout la fameuse génération Y dernière arrivée sur le marché du travail. Leurs modes de vie bouleversent la relation au travail, aux autres et à l'entreprise. Cette génération vit en permanence connectée à des centaines, des milliers voire millions d'amis avec qui elle partage ses expériences et ses attentes ; elle s'exprime en toute liberté sans tabou sur la toile et recherche avant tout un bien-être, une cohérence d'ensemble dans sa vie. Elle veut aussi pouvoir s'exprimer dans son travail, y bénéficier de la même liberté que celle qu'elle trouve dans les sites d'expression ou de partage comme Facebook ou Tweeter. Le très grand succès des sites comme Wikipédia, Marmiton ou My major company où chacun peut soit apporter anonymement, ou non, sa contribution, soit exposer aux autres ses propres projets dans l'espoir d'y trouver des soutiens montre également la place que le collectif a prise dans une société où les entreprises continuent à mettre en avant l'individualisme.

Nous avons donc commencé à échanger autour de nous sur cette idée d'un monde professionnel moins austère et étouffant, d'un monde professionnel laissant plus de place à l'enthousiasme. Et nous avons été extrêmement surpris par l'ampleur des réactions positives ou passionnées que la seule évocation d'un management par l'enthousiasme suscitait dans tous les milieux. Tous nos interlocuteurs partageaient notre point de vue, chacun avait une expérience heureuse ou malheureuse à raconter. Et quand nous avons décidé d'écrire ce livre pour dire qu'une autre voie managériale, qu'un autre monde professionnel, était possible, un monde professionnel qui serait empreint d'attention voire d'amour, beaucoup ont voulu participer, raconter leur histoire, leur expérience, même certains que l'on n'attendait pas.

Le simple fait d'évoquer notre projet libérait la parole. Tous nous ont exprimé leurs envies cachées et ont osé, face à nous, cet enthousiasme que les codes de leurs entreprises respectives leur interdisaient parfois. Nombre de personnes rencontrées nous ont dit, qu'elles auraient rêvé travailler dans des environnements professionnels où l'enthousiasme et la joie étaient non seulement permis mais encouragés. Elles n'avaient jamais osé le dire, persuadées de ne pouvoir être comprises. D'autres ont essayé, parfois à leurs dépens, et s'interrogent aujourd'hui alors même qu'ils ont un potentiel de leadership extraordinaire sur leur légitimité dans l'entreprise. Mais ceux qui y sont parvenus sont unanimes, manager par l'enthousiasme vous apporte un épanouissement personnel incomparable, une satisfaction de voir vos équipes se développer et entraîner à leur tour leurs propres équipes conduisant à des résultats exceptionnels sur le long terme.

De tous ces échanges passionnants et très riches d'humanité est né ce livre. S'intéresser au sujet était, avant même d'écrire le premier mot une aventure enthousiaste. Les exemples sont partout, mais rarement mis en avant : débordant d'énergie, les enthousiastes sont toujours prêts à témoigner même s'ils le font rarement, trouvant leur bonheur dans leur action elle-même. Les autres sont toujours prêts à suivre leurs histoires comme embarqués dans un film d'aventure derrière le héros. Mais à la fin du film, chacun rentre chez soi en se disant que ce n'était que du cinéma. Et si cela pouvait devenir la réalité ?

La difficulté a été de traduire cette expérience dans un livre qui puisse être utile au dirigeant et au manager d'aujourd'hui. Si l'enthousiasme est nécessaire au succès, les témoignages démontrent qu'il ne se décrète pas. Alors comment faire pour le faire naître, l'entretenir et le dompter ?

Au-delà de notre pratique personnelle de l'enthousiasme, notre réflexion nous a menés au postulat suivant : l'enthousiasme est aujourd'hui une qualité essentielle et indispensable aux entreprises si elles veulent réussir dans ce monde nouveau que façonnent et transforment en permanence les nouvelles technologies notamment celles de l'information et dans lequel la génération Y nage comme un poisson dans l'eau. Cette même génération n'aborde pas le monde professionnel comme les générations précédentes, avec résignation, s'engageant avec fidélité pour un seul employeur. Cette génération est extrêmement volatile, elle cherche les mêmes repères dans sa vie professionnelle que ceux de sa vie personnelle, contacts, connexions permanentes et multiples, outils collaboratifs... Les talents de la génération Y ne peuvent plus aujourd'hui s'exprimer pleinement dans des organisations aux modes de fonctionnement cloisonnés à l'ancienne et devant des acteurs résignés voire tristes. Ils ont besoin d'espace de liberté, d'autonomie pour laisser libre cours à leur imagination et à leurs idées.

Beaucoup d'ouvrages, de formations, de conférences parlent de l'enthousiasme, confirment que l'enthousiasme est un facteur de motivation essentiel, des séminaires sont organisés pour apprendre à motiver les équipes et donnent des outils en ce sens. Nous avons voulu aller plus loin et montrer que le management par l'enthousiasme ne consiste pas simplement à accroître la motivation des équipes par le jeu ou l'envie ou par des outils adaptés, mais relève de la part du manager d'une véritable attitude nouvelle, d'un état d'esprit, d'une façon de manager plus collective, à l'image de la société actuelle. Nous avons voulu montrer que le *happy management* ne se limite pas à l'utilisation d'outils de motivation mais tend à effacer la frontière privée/professionnelle. Il s'agit véritablement d'incarner une vision, de la porter, de convaincre et de transformer l'entreprise. Cela peut presque relever d'un sacerdoce, ce qui nous ramène à l'origine du mot « enthousiasme », lié à l'inspiration divine. L'enthousiasme n'est pas synonyme de jeu, de rire, de bonne humeur, il se traduit intérieurement comme le montreront, par la suite, les témoignages des enthousiastes.

Après une introduction du sujet par trois petites histoires vécues, l'ouvrage se construit autour de quatre chapitres. Dans le premier, nous essaierons de définir ce que nous entendons par enthousiasme et comment cette valeur trouve sa place dans le management ; nous le définirons autant par ce qu'il peut être que par ce qu'il n'est pas. Le deuxième chapitre est un recueil de témoignages qui illustrent la diversité des formes que peut prendre l'enthousiasme. Aussi diverses soient-elles, ces formes partagent beaucoup de composantes communes. Pour le montrer, nous avons choisi de prendre des témoignages de nombreux acteurs de la vie civile (directeurs, collaborateurs, managers mais aussi étudiants, artisans) qui, tous, ont un point commun : ils sont enthousiastes et contents d'en parler. L'ensemble des témoignages illustre autant la puissance de l'enthousiasme que ses limites et ses freins. À partir de l'analyse de ces différents témoignages, le troisième chapitre propose une synthèse de ces apports en dégageant les fondements du *happy management*. Le quatrième chapitre tentera enfin de donner les clés d'un management par l'enthousiasme devenu aujourd'hui indispensable à la performance durable de l'entreprise.

Avant de commencer

TROIS PETITES HISTOIRES

LA FABLE DU CASSEUR DE CAILLOUX DE CHARLES PÉGUY

Sur la route vers son pèlerinage à Chartres, Charles Péguy voit un homme fatigué, abattu, suant, qui casse des cailloux. Il s'approche de lui et lui demande :

– Que faites-vous, Monsieur ?

– Vous voyez bien, je casse des cailloux, c'est dur, j'ai mal au dos, j'ai soif, j'ai faim. Je fais un sous métier, je suis un sous-homme.

Il continue son chemin et voit un peu plus loin un autre homme qui casse les cailloux :

– Monsieur, que faites-vous là ?

– Eh bien, je gagne ma vie en taillant des pierres. Cela me permet de nourrir ma famille. Je suis content d'avoir un métier.

Péguy poursuit sa route et s'approche d'un troisième casseur de cailloux, souriant et radieux. Ses yeux brillent :

– Moi, Monsieur, dit-il, je bâtis une cathédrale.

Quand on a une cathédrale dans la tête, on ne casse pas les cailloux de la même manière.

L'HISTOIRE DE LA TOUR EIFFEL

D'un projet éphémère, honni par toute l'élite intellectuelle de l'époque, est né un symbole de la France, un symbole de technologie et d'innovation, synergie des compétences et des talents des ingénieurs et ouvriers français. La tour Eiffel s'est ensuite révélée comme le monument le plus rentable au monde depuis sa création, un succès commercial, un succès de communication ainsi qu'un succès scientifique.

Et pourtant, rien ne prédestinait l'œuvre à un tel destin ; le cahier des charges initial ne donnait que le sens et les enjeux : rassembler le peuple français autour d'une grande œuvre ambitieuse, innovante, populaire, symbole de la modernité et des progrès techniques et incarnant les vertus républicaines. De ces quelques mots seulement, est né le monument que le monde entier connaît.

La tour Eiffel ne serait pas née sans Gustave Eiffel qui se lancera dans le projet avec une énergie et une fois incroyables, s'entourera des meilleurs talents, les managera avec audace et respect et défendra son projet tout au long de sa vie avec la plus grande ferveur.

Pour réussir, Gustave Eiffel place le capital humain au cœur de toutes les attentions, de l'avant-projet au management du chantier. Il n'a reçu en guise de commande que quelques mots. Il n'a aucune idée et décide de laisser toute liberté à son équipe pour lui proposer un projet. Même s'il s'est assuré en amont de s'entourer des personnes de la plus grande qualité, sa confiance absolue dans le travail collectif, qu'il démontrera maintes fois tout au long de la vie du projet, est absolument fascinante. Il semble convaincu qu'en laissant ses équipes rêver, oser, elles l'emmèneront vers le succès.

De cette approche, naîtront les prouesses techniques, une inventivité étonnante face aux aléas et des résultats opérationnels remarquables.

En veillant à tous les stades de la construction à la sécurité des hommes, à leur bien-être, en développant empathie, solidarité, respect et convivialité, Gustave Eiffel obtiendra un engagement d'un genre nouveau : au contact de cet homme extraordinaire, de simples ouvriers métalliers se sont transformés en « charpentiers du ciel », se considérant comme les héritiers des bâtisseurs de cathédrales. Ils ne cassaient pas de cailloux mais posaient des rivets par milliers et leur sécurité reposait les uns sur les autres.

Gustave Eiffel les remerciera par les mots suivants : « Je dis notre œuvre : en effet c'est bien une œuvre qui nous est commune à tous et dont nous pouvons être fiers d'être les collaborateurs… Vous y avez mis ce quelque chose qui ne se paye pas, qui ne s'achète pas, ne se vend pas ; je veux parler du dévouement à l'œuvre, sans lequel aucune grande chose n'est possible ».

NAPOLÉON ET L'ARMÉE D'ITALIE

Comment une armée de va-nu-pieds est-elle devenue une armée victorieuse ?

Lorsque Napoléon Bonaparte est nommé général en chef de l'armée d'Italie le 2 mars 1796, celle-ci n'a d'armée que le nom. Son théâtre d'opérations se cantonne au littoral et à l'arrière-pays niçois. Mal ravitaillée, manquant de tout, sans souliers, l'armée d'Italie est alors réduite à la maraude pour survivre. Cette armée ne devait servir que de diversion et attirer les Austro-Sardes dans le Sud pendant que les armées des généraux Jourdan et Moreau iraient combattre les Autrichiens sur le Main et le Danube.

Napoléon n'entendait pas diriger une armée factice : il rétablit la discipline, améliore, comme il peut, le ravitaillement et surtout trouve les mots pour entraîner cette troupe errante vers une gloire éclatante que personne n'aurait pu imaginer : l'armée d'Italie, dirigée par le général Bonaparte, vainc successivement cinq armées piémontaises et autrichiennes. En une année (de 1796 à 1797), elle conquiert l'Italie et l'Empire d'Autriche qui doit abandonner non seulement l'Italie, mais aussi la rive gauche du Rhin où les Autrichiens sont pourtant victorieux. Les victoires de Bonaparte obligent le royaume de Piémont-Sardaigne, puis l'Autriche à se désunir de la Première Coalition, qui est alors dissoute.

Napoléon n'était le chef de l'armée que depuis trois semaines quand il s'adressa à ses troupes avec les mots suivants (proclamation à l'armée du 27 mars 1796) :

> « Soldats, vous êtes nus, mal nourris. Le Gouvernement vous doit beaucoup, il ne peut rien vous donner. Votre patience, le courage que vous montrez au milieu de ces roches sont admirables ; mais il ne vous procure aucune gloire, aucun éclat ne rejaillit sur vous. Je veux vous conduire dans les plus fertiles plaines du monde. De riches provinces, de grandes villes seront en votre pouvoir ; vous y trouverez honneur, gloire et richesses. Soldats d'Italie manqueriez-vous de courage ou de constance ? »

Et quelques semaines plus tard, alors que les premières victoires avaient permis un meilleur ravitaillement. Voici la proclamation à l'armée du 26 avril 1796 :

> « Soldats, vous avez en quinze jours remporté la victoire pris 21 drapeaux, 55 pièces de canon, plusieurs places fortes, conquis la partie la plus riche du Piémont ; vous avez fait 15 000 prisonniers, tué ou blessé près de 10 000 hommes.

Vous vous étiez jusqu'ici battus pour des rochers stériles. Dénués de tout vous avez suppléé à tout. Vous avez gagné des batailles sans canon, passé des rivières sans pont, fait des marches forcées sans souliers, bivouaqué sans eau-de-vie et souvent sans pain.

Mais soldats, vous n'avez rien fait, puisqu'il vous reste encore à faire. Ni Turin, ni Milan ne sont à vous. La patrie a droit d'attendre de vous de grandes choses : justifierez-vous son attente ? Vous avez encore des combats à livrer, des villes à prendre, des rivières à passer. Tous brûlent de porter au loin la gloire du peuple français ; tous veulent dicter une paix glorieuse, tous veulent, en rentrant dans leurs villages, pouvoir dire avec fierté : « J'étais de l'armée conquérante d'Italie ! »

Introduction

DE LA RÉSIGNATION À L'ENTHOUSIASME

Dans un contexte économique de plus en plus instable, les entreprises doivent en permanence s'adapter à un monde qui bouge, qui se transforme. Elles doivent pour la plupart affronter la crise économique mondiale que l'on connaît depuis plusieurs années. Face aux épreuves, beaucoup s'accrochent à des fondamentaux managériaux d'un autre temps.

Les dirigeants sont tristes, inquiets, formulent des discours alarmistes pour tenter de mobiliser leurs troupes ; ils adoptent un comportement souvent teinté de fatalisme, étoffé de termes de « combat », qui affole plus qu'il ne rassure.

Cherchant désespérément à faire revivre un passé perdu, ces managers ne mobilisent au final que peu leurs collaborateurs. Les sourires disparaissent des visages, le silence s'installe dans les bureaux et les couloirs, les discussions tournent sur ce qui ne va pas, ce qui n'est plus, les actions ne s'engagent que pour faire face au court terme, on gère dans l'urgence. Un climat proche de la tragédie s'installe…

Au sein de ces entreprises, les managers, sous la pression économique et la peur de l'avenir, se réfugient dans des postures de contrôle, de restrictions budgétaires et de résignation aux dépens de l'attention portée aux équipes et de la qualité des relations humaines. Les tensions sont perceptibles et les résultats désolants : managers démotivés craignant pour leur propre avenir, collaborateurs démobilisés… Les projets n'avancent que sous contraintes ou par ambition de leurs promoteurs ; on est loin de la construction de la tour Eiffel !

Pourtant, une autre voie managériale est possible : nous avons rencontré des entreprises et des managers qui, face aux challenges, aux difficultés, adoptent une attitude totalement différente : celle de l'optimisme et de l'enthousiasme, qui leur permet de réussir au-delà des attentes et parfois d'accomplir des miracles, comme Napoléon commandant l'armée d'Italie. Nous avons rencontré des entreprises où, même en période difficile, chacun garde le moral parce qu'il a confiance, parce qu'il sait que l'on compte sur lui et qu'il peut et doit aussi apporter sa pierre. Dans ces sociétés, l'énergie est consacrée à l'action, à l'avenir, à la création de valeur et non aux seules mesures de rigueur, de contrôle et de sanction. Dans ces entreprises, l'enthousiasme des managers est perceptible, il porte, motive et mobilise les collaborateurs et peut assurer la survie des entreprises même confrontées aux situations les plus délicates.

C'est cet enthousiasme, cette autre voie de ce *happy management*, que nous avons choisi d'aborder dans cet ouvrage. Notre objectif est de témoigner et de faire témoigner, d'analyser les composantes de l'enthousiasme et, dans la mesure où cette valeur se cultive, d'encourager le maximum d'acteurs à mettre de l'enthousiasme ou à le faire progresser rendant ainsi leurs proches ou leurs collaborateurs plus heureux et plus efficaces.

MAIS QU'EST-CE QUE LE HAPPY MANAGEMENT ?

Notre propos n'est pas d'écrire une thèse philosophique sur l'enthousiasme dans l'absolu. Nous restreignons notre propos au rôle de l'enthousiasme dans le management des affaires. Dans un premier temps, nous définirons le champ de notre livre : qu'est-ce que l'enthousiasme ? Quelles en sont les caractéristiques ? Quels liens entretient-il avec le management ?

1

QU'ENTEND-ON PAR ENTHOUSIASME ?

QUELQUES DÉFINITIONS INATTENDUES

« Pour celui qui déborde d'enthousiasme, qui est obsédé par un but, rien n'est impossible. »
Morris Goodman

Si l'on se réfère à l'origine du mot, enthousiasme vient du mot grec *enthousiasmos* qui décrit l'état de l'homme en qui la divinité est présente pour l'habiter et l'inspirer.

Le dictionnaire international des termes littéraires donne comme définition originale du mot : le « délire sacré qui saisit l'interprète de la divinité » et par extension « l'inspiration, le souffle créateur qui anime les écrivains et les artistes lors de la création d'œuvres admirables ».

Cette connotation religieuse qui a existé longtemps et qui pouvait être associée parfois à un comportement excessif voire fanatique, a progressivement disparu au profit d'une association plutôt liée à la dévotion, à une cause ou un idéal qui procure une certaine joie.

Le dictionnaire de l'Académie Française nous donne une définition plus large liée à l'excitation et à l'émotion : « Émotion extraordinaire de l'âme qu'on suppose être l'effet d'une inspiration. Il signifie aussi l'exaltation de l'âme, des facultés qui accompagnent quelquefois et surexcite le travail de l'esprit. Il se dit également de tout mouvement extraordinaire de l'âme qui excite à des actes de courage et de dévouement. Il signifie enfin aussi la démonstration d'une grande joie, d'une vive allégresse mais également l'admiration extrême, le goût très vif parfois excessif pour une personne ou une chose ».

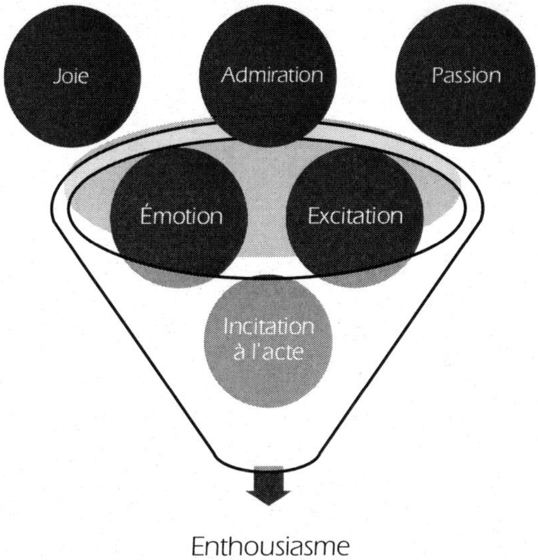

Figure 1.1 – Les mots clés autour des définitions littéraires de l'enthousiasme

L'enthousiasme est associé dans le Littré aux passions exclusives vécues par les artistes : « un mouvement passionné, transport qu'un poète, un artiste éprouve dans le moment de sa composition et qui consiste en ce que, préoccupé du seul sujet qui l'intéresse, le monde extérieur disparaît peu à peu pour lui ». Le Littré associe également l'enthousiasme à une grande joie, à une admiration vive et passionnée, à tout transport qui, enlevant l'âme à elle-même, excite à des actes extraordinaires.

L'enthousiasme est donc perçu comme un sentiment intérieur, une émotion positive qui crée une excitation et transporte. Dans le cadre de l'entreprise, cet emballement trouve ses sources dans le mode de management mis en œuvre et les conditions de travail, qui incitent à véritablement s'impliquer, s'engager pour la réussite de l'entreprise, à la recherche de la création de performance et de valeur.

Nous avons choisi dans cet ouvrage une définition centrée sur l'action : **l'enthousiasme est un état individuel ou collectif d'optimisme et/ou d'excitation qui donne une énergie et crée une envie de s'engager dans l'action en vue d'atteindre des résultats espérés ou pressentis.**

Il devient une véritable force d'entraînement, source de motivation profonde sur le long terme alimentée par le sentiment d'agir collectivement pour une cause commune, au travers d'actions qui procurent un sentiment d'accomplissement personnel.

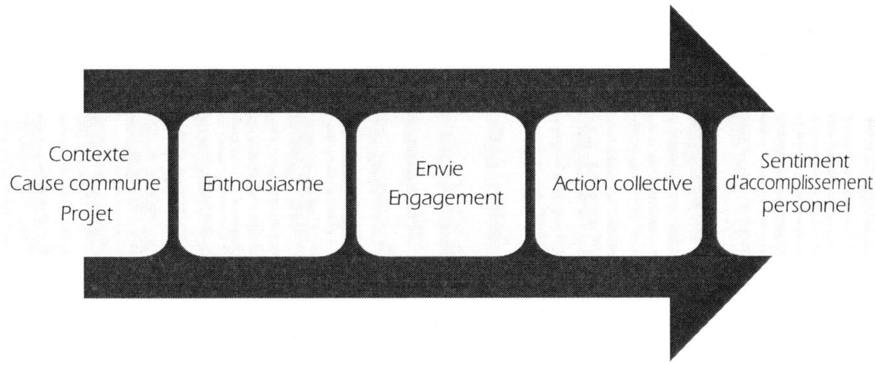

Figure 1.2 – De l'enthousiasme à l'action

L'enthousiaste est ainsi un état privilégié qui pousse l'homme à agir. L'enthousiasme du manager va créer l'envie auprès de ses collaborateurs et cette envie va se traduire en engagement individuel pour un résultat collectif. En boucle vertueuse, cette envie induite deviendra elle-même une source d'enthousiasme pour l'environnement.

L'enthousiasme trouve sa source dans un contexte, une cause, un projet qui fait vibrer l'individu, le pousse à s'engager et à prendre des risques, irrésistiblement porté par une force intérieure et une envie de faire, qui le transportent au-delà de ses propres limites.

L'enthousiasme répond à un besoin de l'individu de « vibrer » pour une idée, une cause, ou un projet. Ce sentiment intérieur conduit chacun à prendre des risques, à se mettre en action, à se dépasser. Il transporte plus loin, plus haut.

Enthousiasme et motivation : quelle différence ?

Si l'enthousiasme est un état privilégié qui conduit à agir, on peut se demander quelle est la différence entre enthousiasme et motivation. La différence est importante et mérite que l'on s'y arrête. Bennett nous donne une première réponse : « L'enthousiasme est l'excitation de l'inspiration, la motivation et une pincée de créativité ».

Partons de quelques définitions : le Larousse définit la motivation comme « les raisons, intérêts, événements qui poussent quelqu'un dans l'action ». Le Petit Larousse illustré la définit comme étant : « L'ensemble des motifs qui expliquent un acte ». En psychologie, on parle de la motivation comme un processus physiologique et psychologique responsable du déclenchement, de la poursuite et de la cessation d'un comportement.

La motivation serait donc une somme de facteurs qui incitent au passage à l'acte et qui permettent à l'individu d'adopter et de maintenir le comportement adéquat à l'atteinte des objectifs visés. L'enthousiasme du manager peut-il être alors assimilé à un de ces facteurs sans être bien sûr le seul ?

Un constat trivial : un manager enthousiaste aura naturellement plus de facilités à motiver ses collaborateurs.

Figure 1.3 – L'enthousiasme suscite la motivation

Quelles sont alors les différences entre enthousiasme et motivation ? L'enthousiasme a quelque chose de la foi, de l'inspiration, de la flamme.

"It is amazing what you can accomplish if you do not care who gets the credit."[1]
Harry S. Truman

La motivation pour un travail ou pour reprendre les définitions ci-dessus, les raisons qui poussent l'individu à agir, peuvent être de nature très différente : il peut s'agir d'une nécessité vitale pour nourrir sa famille, d'un besoin de se savoir utile, d'une envie de réussir un examen, d'un besoin de reconnaissance. La motivation pour un poste précis peut être sa localisation, son salaire, l'envie de rejoindre une équipe différente. Tous ces facteurs restent des facteurs extrêmement rationnels et vont effectivement amener l'individu à faire tout ce qui est en son possible pour atteindre sa cible. Mais cela ne fera pas de lui un enthousiaste. Si l'on reprend la citation de Bennett, il lui manquera l'excitation de l'inspiration, la force quasi divine qui pousse l'enthousiaste à prendre des risques pour faire avancer le projet ou la cause qu'il a décidé de servir.

1. C'est étonnant ce que l'on peut accomplir s'il nous est égal de savoir qui s'en verra attribuer le mérite.

Dans l'enthousiasme, la motivation n'est en réalité qu'une conséquence directe de l'état privilégié que nous avons décrit plus haut. Pour l'enthousiaste, cette force intérieure qui le pousse à agir n'a rien de rationnel, elle se rapproche davantage de la foi divine, revenant ainsi à l'origine de la définition du mot. Aussi la question de la motivation pour un enthousiaste ne se pose pas, elle est partie intégrante de son attitude.

En d'autres mots, le motivé va agir pour atteindre ses objectifs, l'enthousiaste va agir pour sa cause, peu importe à qui profite le succès s'il sert la cause.

Une autre différence importante qui se dégage de ce qui précède est la suivante : le motivé est conditionné par différents facteurs mais qui n'agissent que sur lui-même. L'enthousiaste, au contraire, n'acquiert sa plénitude qu'au travers des autres.

L'enthousiasme se partage, il est contagieux

« Ce que je sais faire de mieux, c'est de partager
mon enthousiasme. »
Bill Gates

La motivation au travail s'acquiert au travers de séminaires, de projets inventifs accordés par l'entreprise, de promesses… Elle ne s'acquiert pas au contact des autres, elle est conditionnée par une récompense recherchée et se traduit par une attitude au travail. Mais qu'en est-il de l'enthousiasme ? Comment une inspiration, une force intérieure peut-elle être transmise ?

« L'enthousiasme est une maladie qui se gagne » nous dit Voltaire. L'enthousiasme est donc contagieux ; certains hommes semblent naturellement enthousiastes : inspirés spontanément, capables de passion, ils osent, créent, réalisent de grandes œuvres. Ce sont de véritables leaders que l'on retrouve souvent à la tête d'entreprises qu'ils ont eux-mêmes créées, à la tête de mouvements politiques ou solidaires. Bill Gates ou Nelson Mandela en sont des exemples illustres. Et ces hommes et femmes enthousiastes sont contagieux !

En effet, une des qualités du manager enthousiaste (c'est même une de ses caractéristiques principales) est sa capacité à transmettre cette émotion, à insuffler autour de lui cette énergie qui l'habite : il ne partage pas sa force, il la multiplie. Tous les hommes et managers ne naissent pas enthousiastes mais heureusement peuvent le devenir au contact d'une situation ou d'un autre enthousiaste. Les managers enthousiastes peuvent ainsi rendre leurs collaborateurs enthousiastes. Cet enthousiasme se décline par transitivité tout au long de la ligne hiérarchique, instaurant l'enthousiasme comme valeur fondamentale de l'équipe et de sa réussite. Et si le premier maillon de la chaîne est le directeur général ou le fondateur lui-même, c'est toute l'entreprise qui risque d'être contaminée et l'enthousiasme sera une valeur fondamentale de son succès.

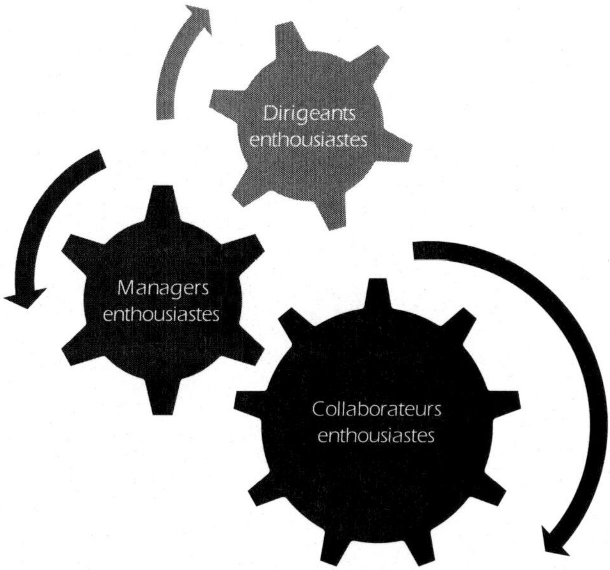

Figure 1.4 – L'enthousiasme : une dynamique du progrès

Les dirigeants performants sont toujours des gestionnaires aguerris, des hommes de réflexion et de méthodes qui s'entourent de collaborateurs compétents dans leur domaine respectif. Ils connaissent leurs clients, leur marché, leur mission. Mais il leur manque souvent cette flamme magique, cette émotion positive qui va donner envie à leurs équipes d'avancer plus vite, d'aller plus haut. Il leur manque parfois simplement le talent pour la communiquer.

Les bénéfices de l'enthousiasme sur le management

La performance d'une entreprise provient de ses ressources humaines. Aucun projet ne peut réussir sans l'engagement et la mobilisation des équipes autour d'un projet pertinent et clairement exprimé.

Diffuser de l'enthousiasme dans l'entreprise est un challenge mutuellement bénéfique pour tous les acteurs concernés, toutes les parties prenantes : l'enthousiasme permet de créer un climat positif, entraînant, créatif... Le *happy management* insuffle de l'énergie et aide à relever les défis qui permettront d'améliorer la compétitivité de la structure.

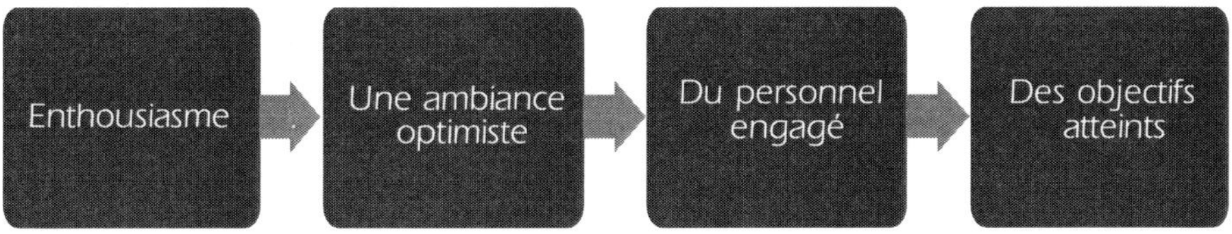

Figure 1.5 – Amélioration de la compétitivité : de l'enthousiasme à l'atteinte des objectifs

Cette première approche destinée à mieux appréhender l'enthousiasme à partir de définitions doit être enrichie par le portrait de celui qui nous intéresse : le manager enthousiaste.

LE MANAGER ENTHOUSIASTE : COMMENT LE RECONNAÎTRE ?

« C'est une folie que de ne pas être
ce que l'on est avec le plus de plénitude possible. »
Sœur Marie-Eugénie, fondatrice des Sœurs de l'Assomption

Nous avons rencontré de nombreux managers et entrepreneurs enthousiastes. Les décrire de façon unique est difficile, ils sont trop multiples. Ils sont néanmoins semblables aux éléphants : quand on les croise, on ne peut pas se tromper. Malgré tout, les managers enthousiastes que nous avons rencontrés partagent tous, à des degrés divers et des pondérations différentes, les qualités présentées ci-après.

Être crédible et légitime

L'enthousiasme peut prendre des formes variées et, nous l'avons évoqué, l'enthousiasme est une notion en partie irrationnelle par opposition à la notion de motivation. L'enthousiasme est une flamme qui inspire, peu importe la source de l'inspiration.

Mais le manager enthousiaste reste un manager et ne peut simplement être habité par l'inspiration ou la lumière. Ce n'est pas parce qu'un manager lance des idées, fourmille de projets qu'il est enthousiaste. L'enthousiasme d'un dirigeant doit être maîtrisé et raisonné pour être crédible : le manager enthousiaste s'appuie sur de véritables compétences, de grandes capacités d'analyse pour percevoir dans les projets les plus fous ce qui sera faisable, pour identifier très tôt les faiblesses pour les combattre ; il appuie également sa crédibilité, une excellente capacité de jugement qui le rend juste, notamment dans les efforts qu'il demande à chacun, l'évaluation et les *feedback* qu'il leur donne. L'enthousiasme contrôlé est une qualité qui lui permet tout à la fois de convaincre ses clients, ses actionnaires et les personnes qu'il désire recruter mais aussi de mobiliser ses équipes en déployant une véritable démarche de progrès dans l'entreprise. Aussi, le manager enthousiaste, fort de ses convictions, construit et partage une vision claire, un cap que chacun doit garder en permanence à l'esprit. Il s'appuie sur une organisation, une feuille de route, des procédures rigoureuses mais il pense ce cadre de façon à toujours laisser le champ libre à l'expression permanente de l'enthousiasme de chacun. Sa force de conviction et sa rigueur lui permettent d'afficher des ambitions très hautes pour ses équipes, des ambitions qui relèvent parfois du rêve ! Ses équipes se mettent à rêver et le suivent sans condition. Et c'est là un des facteurs clé du manager enthousiaste : avoir réussi à susciter une grande confiance qui va jouer un rôle prépondérant de déclencheur ou de catalyseur.

Faire confiance et miser sur l'engagement personnel de l'équipe

Le manager enthousiaste donne de la liberté et exprime sa confiance : il cherche à associer les autres aux mêmes objectifs : s'il impose des objectifs particulièrement ambitieux, il n'impose que rarement la voie et fait confiance dans la capacité de chacun à contribuer à sa manière. Il agit plus comme un catalyseur de performance et d'engagement que comme un prescripteur. Il est dans l'empathie, dans le relationnel, dans la recherche du développement personnel des collaborateurs pour en retirer le meilleur. Le manager enthousiaste ne cherche pas à se servir de son équipe pour mieux briller personnellement, il travaille avec et pour son équipe. Il tire sa satisfaction des réussites individuelles et collectives de ses collaborateurs. Les hommes et les femmes qui agissent avec lui ont une confiance totale en lui. L'enthousiaste n'est pas un être à convictions éphémères ; il a su créer ce climat de confiance, condition indispensable à l'adhésion des membres de son équipe. Tel un meneur d'hommes au combat, il sait, sans se retourner, que ses hommes le suivent et mènent l'assaut avec lui.

Revenons à l'exemple de Gustave Eiffel, il n'a reçu en guise de commande que quelques mots sur l'ouvrage à réaliser. Il n'a a priori aucune idée et décide de laisser toute liberté à son équipe pour lui proposer un projet. Il compte ainsi sur la créativité collective pour faire émerger une œuvre originale. Même s'il s'est assuré en amont de s'entourer de personnes de la plus grande qualité, sa confiance absolue dans le travail collectif, qu'il démontrera maintes fois tout au long de la vie du projet, est absolument fascinante. Il n'a absolument aucune peur de l'inconnu qui semble même être un de ses moteurs, aucune peur de perdre le contrôle sur ses équipes en leur offrant de l'espace et du temps. Au contraire, il semble convaincu qu'en laissant ses équipes rêver, oser, elles l'emmèneront vers le succès.

Adopter une approche résolument positive et optimiste

Les managers enthousiastes recherchent le bien, le beau. Au lieu de voir autour d'eux des adversaires, des concurrents ou des équipes à leur service, ils voient d'autres contributeurs possibles à leur cause, les écoutent positivement. Aux adversaires les plus féroces, ils présenteront des arguments appropriés dans leur langage pour les convaincre du bénéfice que son projet leur apportera à eux. Le manager enthousiaste voit dans chacun, même le plus réticent, un potentiel de création de valeur. Il voit dans ses collègues, des coéquipiers avec qui il va accomplir de grandes choses. Napoléon a su voir dans les va-nu-pieds de l'armée d'Italie les glorieux vainqueurs de ses conquêtes futures.

Citons un exemple plus actuel : Nelson Mandela, pour atteindre sa cause d'une nation arc-en-ciel où tous vivraient ensemble dans un respect mutuel, approchait ses adversaires *a priori* comme des futurs convaincus et contributeurs à sa cause, y compris ses bourreaux.

L'enthousiasme est positif. On n'imagine pas un enthousiaste triste. L'enthousiasme s'assimile aux valeurs d'optimisme, de gaîté, de fêtes, de récompenses. Il est en effet plus naturel de suivre la gaîté voire la fête que la tristesse et la grisaille.

L'optimisme de l'enthousiasme ne s'oppose pas au réalisme mais là où certains ne voient que des problèmes et des risques d'échecs, l'enthousiaste privilégiera une vision fondée sur les chances de réussites.

Entraîner les équipes vers de nouveaux chemins, plus difficiles mais plus valorisants

« À vaincre sans péril, on triomphe sans gloire ». Ce n'est néanmoins pas la gloire que l'enthousiaste recherche mais la satisfaction de réaliser de grandes choses, de contribuer à la cause, à l'objectif qu'il s'est donné. Le manager prend des risques, il apparaît courageux mais ce n'est pas vraiment du courage; la flamme qui l'habite semble l'empêcher de voir le danger, l'entraîne, le concentre sur autre chose et seules ses convictions et sa foi le guident.

En sa présence, les collaborateurs, se sentant en confiance, osent, petit à petit, à leur tour « sortir de leur boîte » et laissent progressivement de côté leur résignation devant les choses établies pour, à leur tour, oser et devenir des enthousiastes aux yeux de leurs propres collaborateurs.

Communiquer naturellement et être tout simplement soi-même

Pour mobiliser leur équipe, transmettre leur enthousiasme, leur principale force, est d'être simplement eux-mêmes, sans chercher à se construire une image. Il émane de leur personne même une véritable présence, une présence que l'on sent, une présence que l'on voie. Le manager enthousiaste se repère physiquement, son équipe ressent sa présence sur son visage, son enthousiasme transparaît dans ses expressions, ses actes, sa manière d'être tout simplement. Il prend le temps d'écouter, de parler avec ses équipes. Le manager enthousiaste adopte généralement une attitude gaie et souriante, à l'écoute de l'équipe, qui n'est pas feinte pour obtenir toujours plus ; elle n'est pas construite et réfléchie, elle est permanente et c'est tout simplement sa manière d'être.

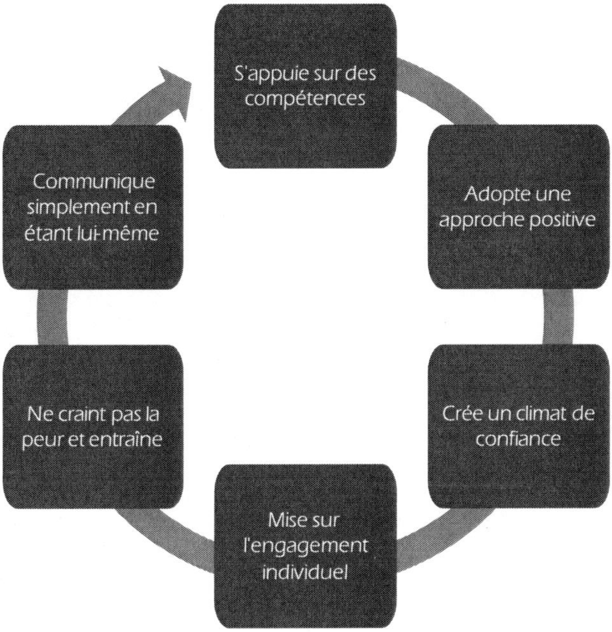

Figure 1.6 – Les 6 caractéristiques du manager enthousiaste

LES IDÉES REÇUES SUR LE MANAGER ENTHOUSIASTE

Nous verrons tout au long de la lecture des témoignages que le *happy management* suscite parfois des doutes, du scepticisme, voire de la moquerie, aussi bien de la part de collègues, de supérieurs ou de membres de l'équipe, tous attachés aux valeurs traditionnelles d'un fonctionnement et d'un management hiérarchique pyramidal classique, où l'expression de l'émotion est considérée comme un signe de faiblesse chez un manager.

Le management traditionnel classique a en effet développé un modèle stéréotypé du manager, « le modèle du manager qui sait tout, décide de tout et contrôle tout » bien décrit dans des témoignages et dont nous donnerons les limites dans le dernier chapitre. Et c'est tout ce que n'est pas le manager enthousiaste !

Aux yeux de ces sceptiques, le manager enthousiaste peut être un fanatique, un naïf, un irréaliste, un incompétent, un rêveur, voire un dilettante qui ne cherche qu'à s'amuser.

Le fanatique

C'est la vision que peuvent avoir certaines équipes de leur chef qui leur présente un projet tellement fou, tellement ambitieux qu'ils ne peuvent y croire. Pourtant, un manager enthousiaste est avant tout un manager qui a une vision très claire de ce qu'il veut construire et de la voie à emprunter pour l'atteindre. Mais effectivement, qui pouvait croire Mark Zuckerberg quand il visait l'interconnexion de millions d'individus « amis » dans un seul carnet d'adresse mondial.

Le naïf

C'est la vision que peut avoir un chef de l'ancienne école du management sur un manager enthousiaste qui soutient et valorise dans ses initiatives une équipe moins performante au lieu de la réprimander pour la faiblesse relative de ses résultats.

L'incompétent

C'est la vision d'un manager accroché aux habitudes de management traditionnel, aux procédures figées, au respect de la hiérarchie d'un employé qui attend de son chef qu'il lui montre la voie et lui dise chaque jour ce qu'il doit faire. Il ne comprend pas le discours d'un chef qui ne résout pas les problèmes à sa place, qui répond aux questions par de nouvelles questions ; il ne conçoit pas le management par le développement des hommes et des femmes de l'équipe pour aller plus loin, plus haut.

Le rêveur

C'est l'image du manager enthousiaste qui naturellement entraîne son équipe vers la performance dans un tel climat de bienveillance et de bien-être que tous sourient parfois trop béatement aux yeux des observateurs extérieurs. Ce rêveur suit ses résultats avec régularité, reste vigilant mais il a posé les bases d'une confiance telle que le contrôle n'a pas besoin d'être, chacun sait ce qu'il doit faire, a conscience de l'importance de réaliser un travail de qualité pour permettre à son collègue d'avancer sur le même rythme et ainsi de contribuer collectivement au succès.

Le dilettante

C'est l'image que peut renvoyer une équipe qui rayonne de joie en travaillant, qui sait éclater sincèrement de rire, danser et chanter, fêter les succès personnels et collectifs. Pourtant, managée par un enthousiaste, cette équipe, parce qu'elle trouvera énormément de plaisir à travailler ensemble, sera plus que tout autre complètement et sérieusement engagée dans la réussite de l'entreprise.

Et pourtant le manager enthousiaste n'est rien de tout cela. Il n'est pas non plus nécessairement le tendre, le gentil à opposer au patron qui dirige avec une main de fer. Il a simplement au fond de lui quelque chose qui relève presque de l'amour pour les hommes qu'il dirige et pour l'entreprise dans ce qu'elle a de plus noble. Et cet amour peut tout à fait se traduire par de très grandes exigences, par l'incitation à de très grands efforts. Rappelons-nous la fable du laboureur et de ses enfants : « Travaillez, prenez de la peine, c'est le fond qui manque le moins ! ».

Maintenant que nous avons décrit dans les grands traits le manager enthousiaste parce qu'il est et ce qu'il n'est pas, concentrons-nous désormais sur le cœur du sujet : comment caractériser le *happy management* : ce qu'il est et ce qu'il n'est pas ?

LE HAPPY MANAGEMENT : DE QUOI S'AGIT-IL ?

> « J'ai la conviction profonde que tout homme
> qui ne porte pas dans son cœur l'amour du bien et du beau
> dans toutes leurs manifestations, qui n'est pas sensible
> à l'idéal, soit en philosophie, soit en littérature, soit en art,
> laissera toujours paraître en soi quelque chose d'inachevé
> et d'incomplet, quelle que puisse être, sa supériorité
> dans la voie qu'il aura choisie [...]
> Avant d'agir, il faut avoir appris à penser ! »
> Gustave Eiffel

Le principal défi du *happy management* est de relever des challenges les plus improbables. Il vise l'embarquement de chacun, l'excitation d'une équipe autour d'un objectif, d'une vision commune dont la réalisation apportera à chacun de la fierté et de la valorisation personnelle. Il s'accompagne de l'instauration d'un climat de confiance mutuelle qui permettra d'aborder les aléas, les doutes et les incertitudes.

Nous l'avons dit précédemment, le *happy management* reste avant tout du management, c'est-à-dire l'art d'entraîner des équipes vers des résultats pour l'entreprise. L'enthousiasme est simplement un carburant particulièrement performant qui va permettre la mobilisation, l'implication des collaborateurs de l'entreprise pour des résultats encore meilleurs. Mais comment le manager enthousiaste peut-il distiller ce carburant et faire naître ainsi l'enthousiasme au sein de ses équipes ? Nous développerons plus largement le sujet de sa concrétisation dans les affaires dans le dernier chapitre de l'ouvrage après la présentation de différentes expériences ; nous voulons simplement décrire ici les différentes étapes du phénomène de transmission de l'enthousiasme au sein d'une équipe.

Manager par l'enthousiasme, c'est partager avec ses équipes des objectifs parfois ambitieux mais appréhendés dans un contexte de succès *a priori*. C'est relever des défis fous avec la conviction qu'une voie est possible. C'est également savoir accompagner ses équipes pour maintenir l'enthousiasme, savoir rassurer, être présent quand le besoin s'en fait sentir.

Trois éléments sont essentiels dans cette définition : la notion de succès *a priori*, le partage et l'ambition.

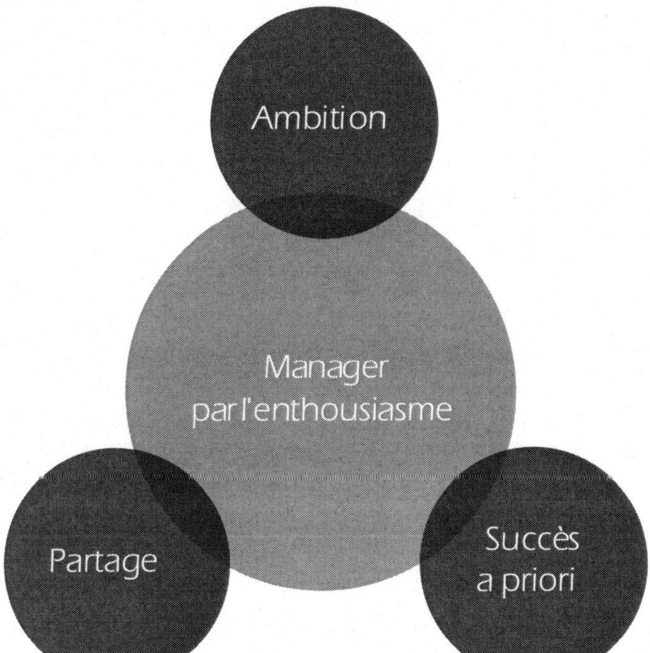

Figure 1.7 – Les trois piliers du management par l'enthousiasme

La notion de succès « a priori »

Elle est essentielle dans un monde où classiquement dans l'entreprise, le manager reçoit ses objectifs de son propre manager et pense souvent, à leur lecture, que ces objectifs ne sont pas atteignables, qu'il n'aura pas les moyens de les réaliser et son budget est une nouvelle fois irréaliste. Ce même manager transmettra néanmoins à son tour les objectifs venus du haut de la pyramide avec résignation à ses équipes sans trop y croire. Le manager enthousiaste a confiance et fait confiance.

Le partage

Il ne se limite pas dans le *happy management* à une simple communication du niveau d'ambition attendu et du sens recherché ; cette notion vise à une véritable mise en mouvement collective de l'équipe par l'établissement d'une feuille de route écrite par tous. Il vise à engager chacun dans le projet parce qu'il s'en est approprié le sens et qu'il a conscience que son rôle, quel qu'il soit, est essentiel à la réussite de tous. Cette notion de partage dépasse le simple projet, elle est au cœur de l'organisation collective, des relations personnelles dans l'équipe ; elle est intimement liée à l'instauration d'un climat de confiance mutuelle qui permettra de surmonter les incertitudes, les aléas et les doutes.

L'ambition

Elle est une composante incontournable de l'enthousiasme, on ne s'enthousiasme pas pour des causes déjà gagnées ! L'exaltation, l'émotion résultent aussi de l'atteinte de l'impossible ou du quasi impossible. Le principal moteur de l'enthousiasme est de relever les challenges les plus improbables. Mais c'est essentiellement l'émotion et le dépassement de soi que visera le manager enthousiaste et qui créeront ce contexte d'euphorie permettant de transformer l'impossible en possible.

En synthèse, nous pouvons définir le *happy management*, bien qu'il puisse prendre de multiples formes, comme un modèle de management reposant sur deux véritables fondations :

- la définition et le partage d'une vision ambitieuse et/ou originale ;
- la création d'un environnement positif qui place chacun dans une dynamique de succès a priori.

Jean-François Zobrist, ancien directeur de Favi, décrit de façon très imagée la construction de la vision par un patron enthousiaste :

« Le patron sort de son bureau, abolit les réunions et les *reporting* qui ne servent qu'à servir sa mégalomanie, va quotidiennement au contact des productifs directs, ceux qui créent de la valeur ajoutée, en dérivant la structure, perçoit les signaux faibles émis par les seuls vrais acteurs de l'entreprise, et telle la Pythie grecque, fait la synthèse de ces signaux et en fait un projet commun durable qu'il porte au quotidien par des rêves partagés par des étoiles de référence. Il fait de ces rêves et étoiles l'objectif de son action et abandonne le seul résultat financier comme objectif, considérant que le résultat sera la résultante de ces rêves. »

LES IDÉES REÇUES SUR LE HAPPY MANAGEMENT

Ce n'est pas « du vent » !

Comme le dira Hervé Serieyx dans son témoignage, l'enthousiasme dans le management, c'est sérieux. Ce n'est pas parce qu'un manager lance des idées, fourmille de projets, qu'il est enthousiaste. Il ne s'agit pas, en d'autres termes, de brasser de l'air, de s'agiter ou de se transformer en moniteur de colonies de vacances pour une grande zumba collective. Il s'agit d'agir et d'entraîner les équipes entières dans l'action pour atteindre des résultats et accroitre la performance globale. Le *happy management* se reconnaît par sa capacité à transmettre l'envie, à aligner les équipes derrière soi et à obtenir des résultats cohérents avec les objectifs visés par l'entreprise.

Un management laxiste ?

Le *happy management* est basé sur une gestion rigoureuse des hommes et des résultats. Ce n'est pas parce que le *happy management* donne beaucoup de liberté aux collaborateurs, ne les enferment pas dans des boîtes, que l'équipe doit se transformer en joyeux bazar incontrôlé. Bien au contraire, le management par l'enthousiasme repose sur des objectifs ambitieux et un engagement sans faille des collaborateurs à la réussite collective. Le niveau d'exigence est extrême mais cette exigence est orientée sur ce qui a du sens et uniquement sur ce qui a du sens : le respect des personnes, le respect de l'équipe et le partage d'une ambition et de valeurs communes. Le *happy management* ne laisse pas de place à l'approximation ou à la médiocrité : il vise toujours le résultat maximal et la réalisation à 100 % des plans d'actions.

Un management uniquement relationnel et convivial ?

Si la chaleur humaine est essentielle au *happy management*, ce n'est pas le bien-être pour le bien-être qui est recherché, mais le bonheur des collaborateurs pour l'atteinte des meilleurs résultats possibles. L'objectif d'un management par l'enthousiasme n'est pas de gagner le concours de *Great place to work* mais véritablement de dépasser les performances opérationnelles visées, de créer de la valeur dans l'organisation et d'assurer ainsi son avenir et sa compétitivité. En s'intéressant aux individus, en écoutant, il identifie les points de blocages et peut s'attacher à les supprimer. Il réduit le stress, supprime les freins de chacun à la productivité, il crée un climat positif propice à l'engagement et contribue ainsi à l'efficience de la structure. Par un cercle vertueux, les premiers résultats visibles par tous amènent fierté et motivation pour aller encore plus loin et entretiennent voire accroissent le niveau d'engagement de l'équipe.

Un management à court terme ?

Les témoignages du deuxième chapitre viendront le confirmer, le *happy management* est un management qui vise la performance à long terme. Comme il repose essentiellement sur l'instauration d'un climat de confiance qui permet à chacun d'oser aller plus loin, d'oser de nouvelles solutions plus agiles, plus performantes, ses résultats ne peuvent être instantanés. La confiance ne se construit pas en un jour. Elle n'est pas le résultat d'un processus universel à mettre en œuvre. Elle se construit au terme d'un apprentissage mutuel, d'une écoute et d'une compréhension fine des ressorts de chaque individu. Elle prend son temps avant de se donner.

En revanche, quand chaque membre de l'équipe a compris qu'il pouvait contribuer personnellement au succès de tous, quand chacun a compris son intérêt à agir, quand il a compris qu'en s'engageant pleinement pour l'objectif fixé, qu'en travaillant pour l'équipe, il en retirerait des bénéfices personnels, alors là toutes les conditions de la performance sont réunies.

Et c'est en construisant cet esprit de confiance, c'est en allant chercher l'engagement de chacun au plus profond de lui-même, que le *happy management* pose les bases solides qui permettront de construire et de développer l'entreprise de demain.

Choisir le management par l'enthousiasme, c'est choisir un mode de management qui va ouvrir véritablement la « boîte à énergie de l'entreprise ». Il s'agit bien de créer un climat propice à la motivation des équipes, de favoriser la créativité individuelle et collective pour mieux gérer les projets mais aussi le quotidien. Au final, l'enjeu est d'accroître l'efficience de l'entreprise.

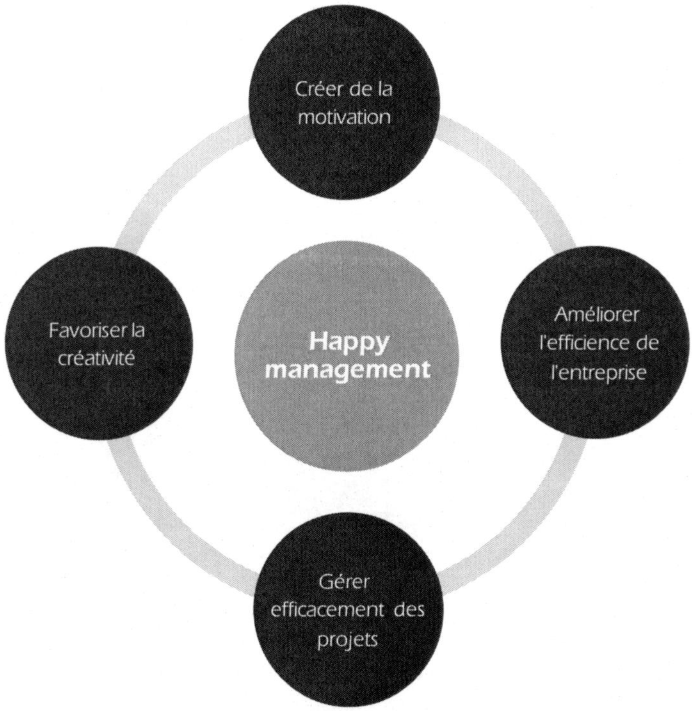

Figure 1.8 – Les enjeux du happy management

Après ces développements sur ce qu'est ou n'est pas le management par l'enthousiasme, nous allons aborder ce sujet d'une autre façon : chacun d'entre nous a été confronté à un personnage enthousiaste.

Nous avons choisi de faire parler des acteurs : industriels, artisans, étudiants… tous ayant connu ou ayant été un manager enthousiaste.

Comme nous l'avons dit, les managers enthousiastes sont tous bien différents et les contributions, bien qu'axées sur des témoignages d'enthousiastes, pourront paraître parfois hétérogènes.

Notre troisième chapitre cherchera à faire émerger des invariants dans cette hétérogénéité apparente.

2

PAROLES D'ENTHOUSIASTES

Le choix des personnes qui ont témoigné ne résulte pas d'une politique finement préméditée. Il est plutôt le résultat de notre intention d'ouvrir cet échange à des acteurs variés : ceux que nous avons contactés directement ou ceux qui, ayant connaissance de notre projet, se sont spontanément proposés pour collaborer.

Nous aurions pu ainsi multiplier les témoignages tant des propositions de collaborations nous parvenaient lorsque des personnes avaient connaissance de notre projet.

Le nombre de témoignages a été limité à 16, nombre qui nous a paru suffisant pour en tirer tous les apports que nous résumerons ensuite.

Cette présentation est organisée selon la nature et l'activité de nos interlocuteurs. Malgré l'hétérogénéité apparente de ces apports, notamment sur la forme, leur lecture fera déjà ressortir une étonnante convergence sur les valeurs de l'enthousiasme, que les acteurs soient chefs d'entreprise, anciens directeurs généraux, consultants, officier, lycéen, experts en management, universitaire ou membres du clan Favi.

Les témoignages sont ainsi issus de personnes de toute génération, de toute position hiérarchique dans l'entreprise et de domaines variés : industrie, conseil, éducation, administration…

Robert Brunck, ancien P.-D.G de la compagnie de géophysique

« Moi, je ne fais que des choses qui m'enthousiasment, sinon je ne suis pas bon. »

Quand je pense à l'enthousiasme, trois mots clés me viennent à l'esprit : création, groupe et passion.

- Création : où ai-je été le plus heureux ? Dans des entreprises où l'on créait. Dans ces entreprises, on a un rôle à jouer, on peut faire la différence : les postes ne sont pas décrits et la place laissée à l'autonomie est importante. Créer est une véritable source de joie personnelle et collective.
- Groupe : l'enthousiasme pour moi, c'est également penser groupe, c'est-à-dire collectif, et confiance. L'enthousiasme est indissociable de la confiance, confiance que l'on donne à ses collaborateurs, confiance que l'on inspire à ses équipes et qui fait qu'elles vous suivent.
- Passion et partage : l'enthousiasme, c'est enfin partager la même passion avec les gens qui vous entourent, la passion pour le métier. La passion pour les géosciences, c'était le moteur de notre réussite à la Compagnie Générale de Géophysique (CGG) ; nous vivions ensemble notre métier, au travers des voyages et des découvertes. C'est bien sûr plus facile quand on gagne que quand on perd mais la passion et le partage permettent de surmonter les crises. Ils donnent du sens à l'action et développent un sentiment d'appartenance très fort à une communauté.

- *L'enthousiasme ne doit pas être confondu avec l'exubérance ou l'excitation*

La vie professionnelle amène à affronter des situations particulièrement difficiles.

En 1999, le baril de pétrole passe de 30 $ à 9 $. Pour la CGG, c'est la fin, il n'y a plus d'avenir ! La situation est désespérée, les banques ne veulent plus renégocier les lignes de crédits, les fonds propres ne sont plus là ; il faut licencier 35 % des effectifs. Difficile d'imaginer l'enthousiasme dans une situation pareille ! La clé réside alors dans le respect des cultures et des personnes. J'ai affronté la situation, en me mettant personnellement à la tête de la cellule de reclassement.

Dans ces situations ou dans celles de fusions et de restructurations, le rôle du patron est clé. Les équipes ont peur, peur de perdre leur emploi et leur âme. L'enthousiasme, bien que je n'ai jamais utilisé ce mot, consiste alors pour le patron à être le plus près possible des investisseurs, du personnel et des clients sur le terrain. Le patron est présent, visible et dit la vérité ; il est crédible parce qu'il est allé voir la réalité sur le terrain. Même lorsque je gérais une entreprise de 3 000 personnes, j'en connaissais plus de la moitié !

Pour que les gens partagent votre enthousiasme et soient heureux de vous suivre, il faut toujours écouter, motiver, être crédible et ne pas affirmer ce que l'on sait impossible à réaliser. J'insiste sur ces notions de confiance et d'appartenance, auxquelles j'ajouterais celle d'orientation client.

- *L'honnêteté est une valeur essentielle de l'enthousiasme*

Être honnête peut engendrer des risques mais jamais il ne me serait venu à l'idée pour être populaire, de mentir. Pour avoir l'adhésion des équipes, des clients ou des investisseurs, il faut être prêt à perdre sa place pour ne pas trahir ses valeurs.

L'honnêteté vis-à-vis de son personnel passe par la transparence ; j'ai eu l'occasion à plusieurs reprises de dire « j'ai échoué dans mon plan », mais cela ne me déstabilisait pas. Le doute, les difficultés et l'échec sont parfois de salutaires voies d'apprentissage.

L'enthousiasme, c'est aussi montrer que l'on peut réussir dans un monde difficile. C'est faire preuve de détermination et d'ambition. Je prenais plaisir à mettre l'organisation sous tension, à embarquer les équipes avec moi pour atteindre des objectifs difficiles. Les personnes ne s'éclatent pas dans la permanence et la stabilité ; elles aiment les défis et suivent les chefs qui les incarnent surtout dans les moments difficiles.

Être enthousiaste, c'est avoir de sacrées convictions, car vous l'aurez compris, on ne se fait pas que des amis, on prend des risques et on ne peut embarquer tout le monde. L'enthousiasme n'est pas exempt de fermeté. Il faut savoir affronter la réalité avec réalisme et transparence, se séparer des mauvais éléments ou pire des éléments toxiques pour l'équipe. Mais il faut à chaque fois savoir expliquer pourquoi on a laissé certaines personnes sur le côté.

Le leader enthousiaste partage ses doutes avec son équipe proche, avec ceux qui se sacrifient pour lui et leur projet qu'il incarne à leurs yeux. Il « chasse en bande » et les liens qui se créent à l'intérieur de la bande sont extrêmement forts.

- *D'où vient l'enthousiasme ?*

Je ne sais pas vraiment, peut-être de l'histoire personnelle de chacun, de ses origines, les miennes sont modestes. L'enthousiasme ne s'apprend pas ou ne s'acquiert pas à l'école. Il émerge d'une volonté de vivre, de créer, de rencontrer les autres. Il révèle une certaine conception de la vie, une conviction qu'on ne peut être heureux seul à optimiser son propre monde et à vouloir vivre pour soi.

Il ne suffit pas de dire « on y va » pour être suivi. L'enthousiasme se voit bien au-delà des discours et pour être crédible, il faut être soi. Certes, on n'emmènera pas tout le monde et l'enthousiasme comporte des risques, notamment des risques de disgrâce.

En conclusion, lorsque je repense à toute ma vie professionnelle, me reviennent toujours à l'esprit les mêmes mots de passion, de confiance et de réussites collectives autour de valeurs partagées.

Messages clés

- Moi, je ne fais que des choses qui m'enthousiasment, sinon je ne suis pas bon.
- Où ai-je été le plus heureux ? Dans des entreprises où l'on créait.
- Créer est une véritable source de joie personnelle et collective.
- L'enthousiasme pour moi, c'est également penser groupe, c'est-à-dire collectif, et confiance.
- La passion et le partage permettent de surmonter les crises. Ils donnent du sens à l'action et développent un sentiment d'appartenance très fort à une communauté.
- Le patron est crédible parce qu'il est allé voir la réalité sur le terrain.
- Pour que les gens partagent votre enthousiasme et soient heureux de vous suivre, il faut toujours écouter, motiver, être crédible et ne pas affirmer ce que l'on sait impossible à réaliser.

- L'honnêteté vis-à-vis de son personnel passe par la transparence. Le doute, les difficultés et l'échec sont parfois de salutaires voies d'apprentissage.
- Les personnes ne s'éclatent pas dans la permanence et la stabilité ; elles aiment les défis et suivent les chefs qui les incarnent surtout dans les moments difficiles.
- Être enthousiaste, c'est avoir de sacrées convictions, car on ne se fait pas que des amis, on prend des risques et on ne peut embarquer tout le monde.
- L'enthousiasme révèle une certaine conception de la vie, une conviction qu'on ne peut être heureux seul à optimiser son propre monde et à vouloir vivre pour soi.

Xavier FONTANET, enseignant à HEC, ancien président d'Essilor

« Il n'y a pas de performance sans confiance. Il ne peut y avoir d'enthousiasme sans récompense. »

Je me bats aujourd'hui contre une image déformée de l'entreprise en France, une image construite et diffusée, en général, par des personnes qui ne la connaissent pas de l'intérieur et, en tous cas, la comprennent mal. Nos hommes politiques, nos économistes, même s'il y a des exceptions, ne croient pas en l'économie de marché ; nous sommes d'ailleurs, avec une sphère publique qu'ils ont contribué à développer, à 57 % du PIB en économie administrée ; il ne faut pas se raconter d'histoire, nous ne sommes plus en économie de marché ; ils confondent État et société quand ils sont interventionnistes, égalité et égalitarisme quand ils sont socialistes. Ceci contribue à donner une mauvaise image de l'entreprise, bien que ce soit en train de changer.

Sous couvert de défendre l'égalité des chances et le principe de l'égalité de tous, c'est en pratique un égalitarisme destructeur qui prévaut aujourd'hui à l'école où la notion de récompense est bannie au motif qu'elle démotiverait les moins brillants. De même, lorsque le gouvernement fustige les plus gros salaires et montre du doigt ceux qui, par leur réussite professionnelle, par leur esprit d'entrepreneur se sont enrichis et menace de leur reprendre le juste fruit de leurs efforts et de leur travail, il ne contribue pas à la motivation des générations actuelles et futures à se battre, à développer leurs talents et à participer ainsi à la création de richesse dans notre pays. Il y a eu certes des excès mais l'immense majorité est raisonnable. Le terreau n'est en tous cas pas propice à l'enthousiasme, l'exil des jeunes entrepreneurs qui a fortement repris et dont on ne parle pas assez en est une preuve tangible.

Dans l'entreprise, je développe le concept de confiance à l'intérieur duquel peut se développer celui d'enthousiasme. Je pense pour ma part que la confiance est le socle de toute performance, individuelle et collective. L'entreprise doit avoir confiance dans le système dans lequel elle évolue et l'individu doit sentir que l'on lui fait confiance pour donner le meilleur de lui-même, pour chercher à se dépasser. Et cette confiance ne peut se limiter aux mots, elle doit se traduire par des signes tangibles. L'individu cherchera à améliorer ses performances s'il sait qu'il en tirera les fruits, qu'il en recevra une récompense. Dans une société où le meilleur et le moins bon reçoivent le même salaire, plus personne ne fait d'efforts et la société décline. C'est la nature humaine.

L'enthousiasme existe, mais je mets la confiance au-dessus car elle s'inscrit dans la longue durée. Mais il ne s'agit peut-être là que d'une question de terminologie. L'entreprise est une affaire sérieuse, son monde peut être dur par moments, il faut accepter la concurrence qui est une remise en cause permanente et qui a tendance à se renforcer avec la mondialisation. Ceci est différent de la notion d'enthousiasme qui est, à mes yeux, une pulsion. Si l'on devait comparer la confiance et l'enthousiasme à des disciplines sportives, les deux relèveraient de la course mais la première ressemblerait au marathon quand la deuxième serait le sprint. Le marathon et le sprint cohabitent dans l'entreprise ! Je suis, quant à moi, plus à l'aise dans le rythme que dans le sprint !

La direction d'une entreprise s'inscrit dans la durée alors que l'enthousiasme, selon moi, ne peut durer : je l'associe à la notion de force et d'éclat qui, par nature, sont éphémères. L'enthousiasme peut, à un moment donné, permettre de réaliser quelque chose de grand, voire d'exceptionnel, mais ne s'inscrira dans la durée qu'au travers de la notion plus pérenne de confiance.

Il est vrai que les jeunes recherchent du sens dans leur vie professionnelle ; peut-être ont-ils un esprit moins concurrentiel et plus collaboratif que notre génération ; c'est très bien car ça force à réfléchir au sens profond de l'action ; ils devront pourtant se heurter à la concurrence des chinois ou autres nationalités qui ont connu la faim ou la guerre et qui ont beaucoup plus souffert qu'eux. En parlant de nous, les chinois parlent « d'enfants gâtés ».

L'entreprise peut et doit apprendre comment bien vivre en concurrence ; elle n'est pas le diable qui leur a été décrit tout au long de leur parcours scolaire ou au travers de certains discours politiques repris par les médias et qui en donnent une image déformée. Le profit n'est pas le produit de la rapacité de l'entreprise, c'est la récompense donnée par le client. Et c'est cette récompense qu'il convient de préserver pour l'engagement et la performance des individus. Il s'agit en quelque sorte d'un contrat de confiance entre l'entreprise, ses clients et ses employés. La raison d'être de l'entreprise est de rendre service aux clients ; c'est ce qui la fait vivre et grandir. Et cette raison d'être dépasse largement la recherche du profit : Essilor ne fabrique pas des verres, il améliore la vue et permet à chacun de regarder le monde. On oublie souvent le sens de l'action des entreprises.

Quand vous construisez une belle entreprise, vous rendez service à l'Humanité, vous construisez une sorte de cathédrale ! L'entreprise peut alors donner une dimension épique à l'action de ses salariés. Par leur action, ils contribuent à la construction d'un monde meilleur, plus beau, à l'amélioration des conditions de vie. Ils découvrent qu'une concurrence saine fait en fait grandir, ils apprennent que de nouveaux clients permettent de faire progresser les produits ; ils voient que travailler dans de nouveaux pays améliore la qualité de la gestion. Et, parce que le profit n'est que la traduction de la satisfaction des clients, le profit devient à la fois un indicateur de l'axe où investir et un magnifique système d'allocations de ressources récompensant tous les contributeurs, employés et actionnaires. On peut alors peut-être voir dans cette dimension épique (certains vont dire que c'est aller un peu loin… mais tant pis !), dans cette adrénaline des succès que l'on peut rencontrer sur le marché, la notion d'enthousiasme qui me paraît indissociable de la récompense qu'elle apporte.

Mais l'entreprise ne connaît pas que des réussites : parfois la concurrence gagne des batailles, des marchés, développe des produits que l'on a pas réussi à créer ou que l'on n'a pas su imaginer. Il faut apprendre à tenir le choc. J'ai vécu de très grands moments d'enthousiasme lorsque je faisais des « bons coups ». C'était l'excitation de l'enthousiasme dans la victoire mais l'on prend aussi des beignes, il faut alors apprendre de l'échec ! Alors, dans ces cas, comment maintenir l'enthousiasme dans l'adversité ? Par la confiance dans une dimension supérieure de l'entreprise.

En conclusion, je reprendrais deux idées majeures : il est urgent et important de transformer l'image déformée de l'entreprise actuellement diffusée en France, de donner à chacun des raisons de développer ses talents et de récompenser l'excellence individuelle par une politique éducative et économique stimulante. Et, s'il est angélique de penser que les individus donneront le meilleur d'eux-mêmes sans garantie d'être payés à leur juste valeur, il faut bien intégrer le fait que la seule rémunération ne suffit pas aujourd'hui aux jeunes générations qui veulent aussi donner un sens à leur engagement professionnel.

Si les enjeux de l'enthousiasme trouvent alors là toute leur dimension en donnant un sens à l'action de l'entreprise, en permettant à chacun de trouver en lui-même et dans le collectif les ressources internes à un dépassement personnel, il convient de prendre conscience de ses limites. Chacun doit être prêt à résister aux attaques pour rester crédible : il ne doit pas s'enflammer dans des élans d'angélisme et doit entretenir un socle de confiance solide permettant au feu de repartir après des échecs ou des mauvais coups.

La braise, c'est la confiance, la flamme, c'est l'enthousiasme !

Messages clés

- Je me bats aujourd'hui contre une image déformée de l'entreprise en France, une image construite et diffusée par des individus qui ne l'aiment pas, qui ne la connaissent pas.
- Dans l'entreprise, je défends plutôt le concept de confiance dans lequel peut se développer celui d'enthousiasme. Je suis convaincu que la confiance est le socle de toute performance, individuelle et collective.
- L'individu cherchera à améliorer ses performances s'il sait qu'il en tirera les fruits, qu'il en recevra une récompense.
- Si l'on devait comparer la confiance et l'enthousiasme à des disciplines sportives, les deux relèveraient de la course mais la première ressemblerait au marathon quand la deuxième serait le sprint.
- L'enthousiasme peut, à un moment donné, contribuer à rendre des services importants mais ne s'inscrira dans la durée qu'au travers de la notion plus pérenne de confiance.
- Essilor ne fabrique pas des verres, il améliore la vue et permet à chacun de regarder le monde. On oublie souvent le sens de l'action des entreprises.
- On peut peut-être voir dans la dimension épique que l'entreprise donne à ses salariés, dans cette adrénaline qu'est la performance et la reconnaissance du client, la notion d'enthousiasme qui me paraît indissociable de la récompense qu'elle apporte.

Gaëlle Monteiller, Directrice générale d'unité opérationnelle

> « Il revient au manager de former son équipe, de lui donner les moyens d'accomplir son travail, de lui expliquer les règles mais il lui revient surtout de lui donner envie de réussir ».

- *L'enthousiasme en entreprise : rêve ou réalité ?*

Regardez une salle de classe de maternelle ou de primaire : il y apparaît clairement que l'apprentissage et le développement des premières années se font dans la joie et l'enthousiasme de la découverte. Aucun enseignant n'imaginerait enseigner dans la tristesse, sans jouer, chanter ou colorier les murs. Alors pourquoi faudrait-il qu'avec le temps, il faille à chacun prendre un masque de tristesse pour paraître plus sérieux ou plus compétent dans la sphère professionnelle ?

Au-delà de l'établissement d'une stratégie déclinée dans des plans d'actions, au-delà des outils pour mettre en œuvre efficacement ces plans d'actions et autres processus destinés à assurer un fonctionnement organisé de l'entreprise, je reste convaincue que le bon sens, l'attention portée aux hommes et une notion de l'équipe proche de celle de la famille restent les bases les plus solides pour manager efficacement une équipe et ce, quelles que soient les orientations générales prises consciemment ou non par l'entreprise sur le mode de management qu'elle souhaite mettre en avant.

- *Avant de décrire le happy management et ce qu'il apporte, pouvez-vous nous aider à caractériser ce qu'est un management efficace ?*

Selon les modes d'évaluation des managers dans les entreprises, la définition d'un management efficace peut varier profondément : la première vision met l'accent sur les procédures et les processus : on attend alors du manager efficace et reconnu comme tel, qu'il mette en œuvre de façon rigoureuse et cohérente des processus, des rituels imposés par un système de management standardisé, qu'il soit le garant du respect des modes de fonctionnement coordonnés sur tous les processus de l'entreprise (*reporting*, gestion des ressources humaines,...), enfin, qu'il coache ses équipes sur les compétences managériales demandées, à savoir coacher à son tour leurs subordonnées à la mise en œuvre sans faille des mêmes méthodes. Cette vision repose sur la conviction que les méthodes et les processus bien éprouvés mènent systématiquement au résultat, que les principales qualités du manager devront être la rigueur et la discipline dans l'application des standards et des méthodes. Dans ce cadre-là, l'enthousiasme n'a tout simplement pas sa place.

Une deuxième vision d'un management efficace attache beaucoup plus d'importance à l'atteinte des résultats, dans le respect néanmoins de valeurs communes plus ou moins explicites. L'efficacité relative d'un manager par rapport à un autre peut alors s'évaluer au vu de *benchmark* interne, levier courant d'émulation fréquemment utilisé.

Alors que la première définition de l'efficacité d'un management accorde une importance beaucoup plus grande à la mise en place de processus et s'accompagne souvent de structures de contrôle et d'organes de sauvegarde dans les entreprises qui la préconisent et laissent donc peu de place aux émotions, la deuxième s'intéresse beaucoup plus au management des hommes, tout en laissant l'appréciation à chacun des valeurs à prendre en compte dans sa mise en œuvre.

Dans tous les cas, l'objectif final visé par le management est le même : obtenir des résultats. Le principal objet d'une entreprise ou d'une organisation reste en effet la réalisation de profit ou la création de valeur, qu'elle soit économique, sociale ou d'une autre nature. Néanmoins, si l'objet reste toujours le même, la différence d'importance relative accordée au déploiement de systèmes de management ou au développement des hommes révèle deux conceptions du management, je dirais même deux conceptions de l'homme dans l'entreprise. Le sujet en devient philosophique : la création de valeur vient-elle du travail de l'engagement de l'homme ou de la bonne mise en œuvre des méthodes comme un calculateur applique des programmes ?

Si l'on poursuit cette réflexion sur le plan philosophique, deux questions fondamentales se posent : peut-on gagner sans méthodes, sans protocole d'expérience déjà écrit ? Et *a contrario*, peut-on gagner sans engagement, sans enthousiasme ou sans envie ?

Il convient de s'interroger sur le rôle du manager et sur ce qui fait qu'une équipe gagne ou pas un match. Prenons l'exemple des équipes françaises respectives de football et de handball lors des derniers Jeux Olympiques de Londres. La première était certes composée de joueurs tous plus exceptionnels les uns que les autres et pourtant les résultats n'ont pas été au rendez-vous. La deuxième n'avait aucune grande vedette internationale, on a même dit de ses joueurs qu'ils étaient trop vieux et elle a gagné. Qu'est ce qui différenciait ces deux équipes ? De l'avis de tous les spécialistes sportifs, les qualités physiques, la préparation des joueurs des deux équipes plaidaient en faveur d'une victoire de l'équipe de football. Or c'est celle qui a perdu. Qu'est ce qui a alors permis à l'équipe de handball de gagner ? Des valeurs partagées différentes, une autre notion du respect et des responsabilités, une envie de gagner plus ou moins forte, un niveau de cohésion plus fort... Toutes ces différences étaient visibles pour le spectateur au travers du jeu et des interviews. Qui donne ou ne donne pas ces atouts à une équipe ? Son entraîneur ou son capitaine ?

Aussi, je suis personnellement convaincue de la responsabilité énorme du manager sur l'efficacité de son équipe et sur le fait que les résultats dépassent largement le niveau initial de compétences de chaque membre de l'équipe. Il revient certes au manager de former son équipe, de lui donner les moyens d'accomplir son travail, de lui expliquer les règles, mais il lui revient surtout de lui donner envie de réussir.

Ce que j'aime, ce sont les hommes et les *process* industriels ; les *process* industriels, conçus par l'homme, qui permettent à partir de tôle de construire une voiture ou à partir de cailloux et de sable, de construire des ponts, des routes, des écoles, des maisons, des gratte-ciel… ; ce qui me motive par-dessus tout, ce sont les hommes et les femmes, dans tout ce qu'ils ont de profondément humain, d'imparfait mais également dans leur capacité à transcender les processus, les objectifs, le probable pour atteindre l'improbable, l'impossible. L'homme peut réaliser l'impossible, le processus et le standard, jamais !

Si aujourd'hui, le processus de fabrication d'une voiture passe par l'application de centaines de standards successifs, la première voiture n'aurait jamais été conçue sans l'imagination folle de ses inventeurs qui n'avaient aucun mode d'emploi, aucun guide.

Et parce que je suis convaincue que l'homme peut toujours plus qu'il ne croit pouvoir et qu'ensemble, tout est réalisable, j'ai toujours cherché dans mes différentes positions managériales à créer les conditions de ce dépassement. La première condition est le sentiment de liberté et la confiance, la même que celle donnée dans le cocon familial par l'amour de la mère. Ce climat de confiance permet d'oser l'enthousiasme, d'oser la folie parfois, sans craindre le retour de bâton. Néanmoins, dans les organisations traditionnelles encore très répandues, créer ces conditions impose un nouveau style de management et la mise en œuvre d'un tel style de management heurte autant vos chefs que vos collègues et même vos équipes dans un premier temps.

En effet, dans les entreprises traditionnelles, encore majoritaires aujourd'hui, on attend du manager qu'il prenne une attitude de manager, qu'il en endosse les habits, ceux du sérieux, de l'autorité ; on attend de lui qu'il s'indigne des mauvais résultats, voire qu'il sanctionne. Toute manifestation d'émotion de sa part est considérée comme une faiblesse. Il est le chef qui sait et qui fait.

- *Peut-on envisager un autre mode de management ?*

Je suis convaincue qu'une autre voie managériale est possible, c'est celle d'un parent qui veut le meilleur pour ses enfants, quels que soient les dons dont ils ont été dotés ou pas à la naissance. Parce qu'il les aime, il veut qu'ils soient les plus beaux bébés du monde à la naissance, qu'ils réussissent leurs projets, dépassent leurs espérances… Par amour, il leur donnera tout, il fera tout pour leur développement, pour les protéger, pour les amener le plus loin possible, là où il n'est pas allé, pour qu'ils vivent ce qu'il n'a pas vécu et aurait voulu vivre, et, sans chercher à s'approprier leurs réussites, il en tirera une joie personnelle indicible... Imaginez la même attitude, le même enthousiasme, le même souffle de vie, chez tous les managers d'une entreprise : chacun chercherait en permanence à tirer vers le haut les résultats de son équipe, développerait les compétences de tous toujours et plus loin.

Au fil de mes expériences, j'ai développé et renforcé une conception du management radicalement opposée au management traditionnel, j'ai opté pour un management plein d'entrain et d'enthousiasme, qui me ressemblait, mais qui s'est souvent heurté aux conventions et qui a sûrement parfois freiné ou détourné ma carrière. Mais plus j'avançais dans cette voie, plus les résultats étaient là et plus je prenais de plaisir à voir l'épanouissement de mes propres équipes. Alors par amusement ou par provocation, comme certains me l'ont fait remarquer, j'ai usé et sûrement abusé de cet enthousiasme, de ce détachement par rapport aux conventions attachées au statut de chef. Je n'ai jamais cherché à imposer mon statut de chef par de l'autoritarisme ou par une distance quelconque avec les hommes et les femmes qui m'entouraient ; l'habit n'a jamais fait le moine comme le titre n'a jamais fait la compétence. Pour moi, la reconnaissance du statut de chef ne passe ni par la posture affichée, ni par la compétence technique ou par un ton volontairement autoritaire, elle ne peut vous être donnée que par vos équipes elles-mêmes et se construit au travers de vos actes. Certes, dans les premiers temps, vous bénéficiez du crédit donné à celui qui vous a nommé, vu de vos compétences et de la confiance qu'il vous accorde. Mais ce bénéfice est éphémère ; en tant que manager, ce n'est que progressivement que vous gagnez le respect des équipes au travers de votre personne, de vos actes et du respect que vous leur accordez vous-mêmes. Ceci, bien sûr, si vous recherchez évidemment que vos équipes vous reconnaissent comme leur chef, convaincue qu'elles donneront le meilleur d'elles-mêmes pour un chef qu'elles veulent suivre. Certains managers ne rechercheront *a contrario* que la reconnaissance de leur propre chef au vu de leur prochaine promotion.

- *Qu'apporte le happy management à la différence d'un management traditionnel ?*

Pour moi, le management par l'enthousiasme a pour principal objectif d'entraîner vos équipes plus loin qu'elles ne seraient allées seules, plus loin qu'elles n'auraient imaginé aller. Il s'oppose au management par le résultat pur et désincarné qui sous-tend une vision à plus court terme des choses, une vision plus interventionniste et directive du chef dans l'atteinte des objectifs. Cette vision peut, sous réserve d'être réductrice, se résumer à : « nous ne sommes pas là pour nous amuser ! » Le management par l'enthousiasme a besoin de temps pour délivrer toute sa puissance : il doit passer tout d'abord par une phase d'obtention du respect par le sourire, ou je dirais plutôt, malgré le sourire, d'une phase d'adaptation à une liberté d'action nouvelle pour les équipes, alors que les résultats ne seront pas encore au rendez-vous.

- *Est-ce facile de manager par l'enthousiasme aujourd'hui au sein d'une entreprise ?*

La mise en œuvre d'un climat propice au dépassement de soi est longue et difficile mais les bénéfices retirés en valent la peine. Je cite souvent ce proverbe tibétain : « Quand deux chemins s'ouvrent à toi, choisis toujours le plus difficile, celui qui exigera le meilleur de toi ». Lorsque l'on marche en montagne, seuls les chemins qui montent arrivent au sommet ! Aussi, en tant que manager, vous avez toujours le choix d'imposer vos vues, d'imposer le résultat à atteindre et le chemin pour y arriver, vous pouvez faire à la place de vos équipes, vous pouvez leur donner les solutions à leurs problèmes. C'est plus simple, plus rapide, plus rassurant. Mais reprenons l'analogie avec l'éducation des enfants : si, lorsque vos enfants vous soumettent un problème dans leurs devoirs, vous vous en débarrassez rapidement en leur donnant la solution, vous ne leur apprendrez rien et même s'ils obtiennent une bonne note, ils ne pourront en être fiers ; pire, ils ne connaîtront ni le goût de l'effort, ni la joie de la réussite ; vous pouvez en revanche faire en sorte qu'ils trouvent eux-mêmes les solutions par leur propre réflexion. Dans la situation professionnelle, il est tentant pour le chef d'asseoir sa crédibilité sur sa compétence technique et de reprendre tous les travaux de ses subordonnés. Ceux-là resteront toujours à leur place et ne représenteront jamais de risque pour leur manager, mais le résultat ne dépassera jamais la seule compétence du chef.

Je préfère opter pour un management souriant, reconnaissant mon incompétence sur les sujets techniques des métiers dans lesquels j'ai exercé, valorisant les réalisations de mes équipes et incitant systématiquement chacun à s'exprimer quel que soit son niveau hiérarchique, s'exprimer par la parole mais aussi par la mise en œuvre de bonnes idées. J'affirme haut et fort que toutes les idées sont bonnes à être exprimées, même si toutes ne seront pas mises en œuvre. Je propose un nouvel horizon professionnel sans limite visible. Et dans ce nouvel horizon, émerge une deuxième dimension essentielle du management par l'enthousiasme : la dimension collective. En effet, la joie et l'enthousiasme ne s'expriment généralement que dans l'équipe, elles n'ont de sens que par leur partage. Aussi, chacun est libre de se dépasser mais surtout libre d'échanger, de partager et de prendre ainsi conscience que l'entreprise est une œuvre collective.

Il faut néanmoins beaucoup de conviction et de patience pour tenir de tels propos dans des entreprises traditionnelles. Contrairement à ce que l'on pourrait croire en effet, de tels propos ne sont pas applaudis par les équipes. Vous leur offrez de la liberté, vous leur donnez un nouvel espace d'expression. Ils ne le prennent pas spontanément, comme les prisonniers restés trop longtemps dans leur prison, qui ne sortent pas quand les portes s'ouvrent. L'expérience de la liberté n'est pas si simple car elle s'accompagne également de l'exercice de la responsabilité : vous devenez libre de proposer de nouvelles initiatives mais en contrepartie vous devenez responsable de vos résultats. Et sur le plan collectif, vous leur dites qu'ils ne sont plus seuls face à leur feuille blanche, qu'ils font partie d'une équipe. Mais là encore, paradoxalement, les réactions ne sont pas unanimement positives : le partage n'est pas naturel à la naissance et l'éducation française très élitiste ne valorise pas le travail en groupe. Faire partie d'une équipe, c'est prendre le risque du regard des autres sur votre contribution au résultat, c'est également accepter de renoncer à la propriété intégrale des résultats, accepter les différences pour le bien commun.

Aussi paradoxal que cela puisse paraître, la plupart des équipes attendent de leur chef qu'il les réprimande, qu'il exprime une insatisfaction permanente. Le sourire les déconcerte, l'encouragement à la prise de risque, au courage d'exprimer des idées nouvelles voire *a priori* folles, les affolent. Ils n'y croient pas, y voient un piège. Convaincre que ce qui apparaît au début comme de l'incompétence (le fait de refuser de résoudre le problème posé) ou du manque d'engagement est au contraire une marque de confiance, comme ils n'en ont jamais eue, prend du temps ; il ne faut pas forcer le temps ; la confiance et le respect viennent avec le temps. Et, petit à petit, comme le renard dans *Le Petit Prince*, pas à pas, chaque membre du premier cercle apprend à oser aller plus loin, à exprimer ses émotions. Petit à petit, l'équipe se découvre, découvre inconsciemment la joie d'être réunie, solidairement autour de défis communs, qu'ils se fixent toujours plus haut. Ils prennent progressivement conscience qu'ensemble ils iront plus loin.

Et c'est ainsi que la confiance grandissante vous permet petit à petit d'emmener vos équipes vers des défis toujours plus grands, des défis qui parfois peuvent paraître éloignés de la sphère professionnelle comme faire chanter une salle entière de commerciaux une chanson d'Amel Bent sans aucune préparation, descendre une rivière en rafting ou faire danser la Zumba à une équipe de direction d'une usine automobile. Ces actions, au-delà de renforcer la cohésion de l'équipe, permettent de faire prendre conscience qu'ensemble tout est possible, tout est réalisable, qu'une équipe est capable de s'abandonner pour relever des défis collectifs et combattre. Elles permettent de créer de la cohésion, de l'envie, de construire un esprit combatif hors de la sphère professionnelle pour en faire bénéficier ensuite le collectif tout entier d'une usine ou d'un *business unit*.

- *Quelles sont les réactions face à un tel management ?*

Certains partiront : ils ne pourront accepter d'entendre des rires et de croire à un travail sérieux. Ils ne voudront pas rester dans cet univers de peur d'être entraînés dans ce tourbillon de joie, de folie, de peur de ne plus pouvoir tout contrôler. Cette réaction est comparable à celle de l'oiseau qui ne quitte pas sa cage même lorsque la porte est ouverte. La liberté lui fait peur, il ne connaît que sa vie entre ses barreaux, où sa nourriture lui est amenée chaque jour sans qu'il n'ait rien à demander. Il n'est pas prêt à se lancer et voler dans les airs.

Vos chefs ne comprendront pas toujours, vous reprocheront vos sourires, votre management « maternel », votre manque d'engagement sur le terrain. Sur le management maternel, je leur ai toujours répondu que je ne voyais pas de management plus efficace que celui d'une mère qui cherche toujours le meilleur pour ses enfants. Sur le manque d'engagement sur le terrain, vous pouvez remarquer que l'entraîneur d'une équipe de football, handball ou tout autre sport n'est pas sur le terrain mais à côté, pour soutenir, pousser, entraîner vers les succès. Une illustration frappante de ce rôle d'entraîneur est Yannick Noah, entraîneur victorieux de la coupe Davis, capable de danser et de chanter sur un terrain de tennis ! Certains vous demanderont de vous « reprendre », convaincus de votre valeur personnelle. Vous ne pourrez que prier que les résultats qui ne manqueront pas d'arriver n'arrivent pas trop tard. Il faut donc un certain courage pour assumer, pour renoncer aux attributs de la fonction. Il ne faut pas avoir peur : si l'on accroche trop à son poste ou à sa carrière, l'enthousiasme disparaît.

Vos collègues vous sourient : vos collègues, souvent masculins, plus habitués à des modes traditionnels de management, vous regarderont de travers, vous qualifieront au mieux de folle, souvent d'incompétente, parfois de dédaigneuse.

- *À vous entendre, le happy management n'est pas si facile à mettre en œuvre et se révèle difficile pour le manager lui-même ?*

Détrompez-vous : oui, on pourrait croire que le management par l'enthousiasme relève d'un véritable sacerdoce, dur et difficile. La réalité est tout simplement à l'opposé. Cette conception du management, empreinte quasiment d'amour et de tendresse pour vos équipes m'a apporté bien plus qu'elle ne m'a coûté en termes de renoncement ou de couleuvres avalées. Elle apporte de très larges satisfactions humaines parfois inattendues, au travers de tous ces petits moments d'échange, de sourires, de témoignages, tous ces moments où vous oubliez que vous êtes chefs et vous partagez le même enthousiasme du travail bien fait avec l'opérateur, le premier maillon de la chaîne de valeur. Vous remerciez sincèrement cette personne qui, par son engagement à côté de celui de tous ses collègues, va permettre à l'entreprise, l'usine ou le *business unit* de se dépasser et de relever ses défis. La chaleur humaine qui vous est donnée en retour de ce climat d'humanité et de respect de tous est indescriptible et vaut toutes les rémunérations et tous les trophées qui comptent bien peu sur le long terme.

- *Le happy management est-il à la portée de tous ?*

Non, cela n'est peut-être pas donné à tout le monde mais tout le monde n'est pas non plus destiné à être manager. L'orientation managériale de chacun est intimement liée à la personne du manager elle-même, à son histoire. Tous ne peuvent pas choisir de manager par l'enthousiasme, cela ne s'apprend pas, cela se vit naturellement et nécessite beaucoup de conviction. L'enthousiasme ne se décrète pas, il se vit, il se communique et son effet prend du temps ; il faut oser, il faut y croire.

Cette conception affranchit des obligations contraignantes du chef traditionnel et des conséquences qui en découlent à savoir l'isolement et le poids des responsabilités à porter seul. Cela donne une liberté d'action très grande et une force d'entraînement sans cesse alimentée par le bonheur irradié dans l'organisation.

Les résultats prennent du temps avant d'arriver car pour chacun, il faut passer par une phase très déstabilisante : un chef qui ne se prend pas au sérieux, un chef qui ne veut absolument pas faire à votre place voire même qui avoue sans aucune gêne qu'il est parfaitement incompétent. Mais, s'ils tardent à arriver, les résultats ne déçoivent jamais par leur ampleur : ils explosent et sont pérennes car ils reposent sur des fondations solides, empreintes de respect et de confiance,

confiance en soi, confiance en les autres. Plus rien ne s'oppose à la réalisation de l'impossible. Ce qui a été obtenu, ce ne sont pas tant des résultats mais des équipes engagées, conscientes de leur rôle et fières de leurs résultats et qui, à leur tour, vont transmettre leur enthousiasme. Il est alors temps pour vous de rester ou de partir ailleurs semer de nouvelles graines de joie.

• *Une conclusion ?*

Il n'y a pas de meilleur livre de management que *L'Art de la Guerre* de Sun Tzu. Je conclurai sur une citation de cet ouvrage, attribuée à Tu Yu : « La saison appropriée compte moins que les avantages offerts par le terrain ; ceux-ci, à leur tour comptent moins que l'harmonie des relations humaines ».

Messages clés

– Dans une salle de classe maternelle, il apparaît clairement que l'apprentissage et le développement des premières années se font dans la joie et l'enthousiasme de la découverte. Le management en entreprise ne devrait pas perdre cette dimension clé.

– Une apparence sérieuse est, en France, un gage de compétence managériale. On évalue un manager sur sa capacité à être rigoureux, à appliquer des standards et des méthodes, à faire des *reportings*, non à celle de mobiliser son équipe et de lui donner envie de réussir. L'homme peut réaliser l'impossible, les standards jamais.

– Le management par l'enthousiasme a pour principal objectif d'entraîner ses équipes plus loin qu'elles ne seraient allées toutes seules, plus loin qu'elles n'auraient imaginé elles-mêmes, de donner envie de réussir. Il repose sur un sentiment de liberté et de confiance et s'oppose au management par le résultat, désincarné de toute émotion.

– La reconnaissance du statut de chef ne passe ni par la posture affichée, ni par la compétence technique, elle ne peut venir que de l'équipe et se construit au travers des actes. Le titre n'a jamais fait à lui seul la compétence.

– Le management par l'enthousiasme est difficile : il a besoin de temps pour délivrer toute sa puissance, temps nécessaire à la construction d'un climat de confiance, de respect et d'humanité.

– L'enthousiasme ne se décrète pas, il se vit, se communique. Cette conception affranchit des obligations contraignantes du manager traditionnel, du poids des responsabilités et de l'isolement qu'il peut créer autour de lui.

Bernard Seno, ancien manager, consultant qualité, société CEGOS

« Nous sommes là pour faire un monde beau et des choses belles, généreuses, harmonieuses, pour partager, rêver, aimer construire, et non s'approprier, protéger, mettre des barbelés, salir, haïr, posséder. »

- *C'est quoi pour toi « l'enthousiasme » ?*

Selon moi, c'est plus souvent une attitude innée, naturelle, un regard pour aller de l'avant, construire ensemble. Faisons cela et ce sera mieux demain, on sera plus satisfait, plus heureux, content (au sens de chercher le contentement). Quoique…

Alexandre le Grand, Jules César ou Napoléon devaient être enthousiastes à l'idée de conquêtes et donc de guerres et de destructions.

Je ne vois pas l'enthousiasme sous cette forme-là. Il y a une dimension spirituelle pour moi : « Nous sommes là pour faire un monde beau et des choses belles, généreuses, harmonieuses, pour partager, rêver, aimer, construire et non s'approprier, protéger, mettre des barbelés, salir, haïr, posséder… ».

L'enthousiasme serait donc pour moi lié à notre regard sur le monde. On pourrait le résumer ainsi : si je veux être le maître du monde, je suis enthousiaste à l'idée de dominer, conquérir (y compris pacifiquement, type enthousiasme américain : être le meilleur, faire du business, avoir du succès…). Par contre, si je veux partager, je suis enthousiaste à l'idée de découvrir et d'avancer avec une équipe.

- *Et manager par l'enthousiasme, est-ce un mode de management possible ?*

Une remarque me vient par rapport à cette question : peut-on s'automanager ? Auquel cas, on peut aussi être enthousiaste pour réaliser un projet personnel : aller en Chine à vélo, écrire un bouquin que l'on rêve d'écrire depuis toujours, aider son enfant à réaliser son projet, partir, réussir ce chantier.

Manager par l'enthousiasme, c'est réussir à mobiliser son équipe. Cela implique que le manager ait une vraie présence. Avec une équipe : tout d'abord, cela se lit sur le visage si le manager est présent. Je connais des chefs d'entreprises qui ont un doute sur le visage.

Un manager enthousiasme se repère physiquement. Et puis, il utilise des mots positifs. Voici quelques mots et expressions du manager enthousiaste :

beau, bon, mieux, allons-y, belle idée, on le fait ensemble, on se débrouille pour le faire, pour y arriver, ce serait magnifique d'y arriver, on en parle à…, ça leur fera plaisir, ce sera nettement mieux après, c'est une merveille de projet, de réalisation, on recommence et on réussit, je vois déjà le changement positif que cela produira.

Ce que fait le manager enthousiaste : il encourage, il relativise, il est exigeant ; il rappelle souvent des principes et des valeurs, parfois des règles. Il exprime son enthousiasme par des mimiques, des rires, des sourires, de l'humour, des gestes (à l'italienne !).

Lorsqu'il écrit à ses collaborateurs, il est positif, il rappelle souvent « pourquoi nous sommes ensemble et comment nous voulons vivre ensemble dans cette équipe ».

Et tout cela lui permet d'obtenir le meilleur de son équipe.

Il est équilibré. Parfois un manager enthousiaste est un peu fou, j'en ai croisé un, tellement enthousiaste qu'il allait trop loin, impossible à suivre… C'est alors comme dans un couple : trop déséquilibré parfois ! On n'a pas fini de faire une chose « belle » que l'on démarre déjà sur une autre. C'est fatiguant pour son équipe qui peut être trop déstabilisée.

Le manager enthousiaste transmet son enthousiasme, peut-être pas à tous, mais à une partie de l'équipe. Cela s'observe dans les sports collectifs, dans lesquels un coach ou un joueur majeur fait passer un plaisir de jouer ensemble, à vivre des émotions surtout positives ensemble, à transmettre des ondes favorables à l'accomplissement de soi, de l'équipe, des performances.

- *Est-ce possible aujourd'hui dans les entreprises de manager par l'enthousiasme ? Si oui, cela change quoi ?*

Selon moi, c'est plus facile si le manager est enthousiaste, et si l'organisation (entreprise, service, société…) le permet et enfin si le contexte général l'autorise. Si on fait un détour en politique, on constate qu'en temps de paix, les diplomates sont appréciés, mais qu'en temps de guerre, ce sont les militaires qui le sont.

Si je suis Général américain entrant dans Paris en août 1944, il m'est plus facile de communiquer mon enthousiasme que de le communiquer à mes soldats le jour du débarquement à Omaha Beach.

On dit souvent : « c'est quand les balles sifflent que l'on reconnaît le chef ! »

Si je suis cadre supérieur chez Mercedes à Stuttgart, ou chez Total, Facebook ou Chanel, il m'est plus facile de communiquer mon enthousiasme que si je suis agent de maîtrise.

La position, le contexte, le type d'entreprise aident donc à manager par l'enthousiasme.

- *Ce qui caractérise le happy management...*

Citons quelques éléments qui peuvent nous permettre de détecter un management par enthousiasme :

– plus de ressenti que de chiffres ;
– plus de confiance que de méfiance (envers les membres de l'équipe) ;
– plus de moments de partage que de Powerpoint ;
– plus de créativité que de rationnel ;
– plus d'objectifs qui font un tant soi peu rêver (est-ce encore possible ?) que de contraintes à assumer ;
– plus de prise en compte des suggestions des membres de l'équipe : « nous sommes tous chefs, qu'est-ce qu'on a envie de faire ensemble ? » ;
– plus de communication positive : « nous avons de la chance... » ;
– plus d'éclats de rire que de têtes à l'envers !

- *Si le happy management est une clé de succès pour les entreprises ; pourquoi cela ne se développe-t-il pas plus ?*

Grave question... En France déjà, les managers sont la plupart du temps ceux qui ont un diplôme difficile à décrocher et qui pensent qu'ils sont les meilleurs. Ils managent par le savoir et adoptent le style « leader-chiffres ». Le manager en sait plus, et pire handicap, il pense qu'il doit le démontrer en permanence, ce qui le rend mécanique, limité et limitant pour l'équipe. Le discours est : objectifs, résultats, moyens, mesure, monnaie, challenge, mondialisation, évaluation, promotion, sanction, direction, ambition, conquête...

Si tu es ton propre patron, tu peux « faire du... » en permanence et t'ajuster : enthousiaste le plus souvent et père fouettard si tout tombe à l'eau...

Si tu es payé par un service de paye qui n'a jamais vu ta tête, autrement dit dans une organisation, PME, grande boutique, là tu essayes de « faire du... » dans ton petit pâturage, à l'abri des regards... Pas facile !

J'ai personnellement vécu une expérience : chez Citroën, il y a plus de trente ans, on a fini par me taxer de « rêveur », même si certains patrons en vue m'ont écouté ou encouragé à propos de la démarche qualité et de son importance, mon enthousiasme pour améliorer les choses et donc la traduction se vérifiant dans mon management également.

Ce n'était pas le style de la maison ! Pas d'enthousiasme, sauf pour concevoir des voitures géniales mais parfois invendables !

Un de mes chefs chez Citroën était plutôt de ce type-là, enthousiaste ! On a réussi à faire des chantiers sur la qualité intéressants en 1987, 1988. J'ai contribué à ce que des collègues aillent de l'avant malgré les obstacles en m'appuyant sur cette idée enthousiaste à propos de la qualité et de « changer les choses ».

Peut-être que si Van Gogh avait été managé par l'enthousiasme d'un autre que son frère, il aurait mieux vécu !

- *Qu'aimerais-tu ajouter en conclusion ?*

C'est formidable de manager et d'être managé par l'enthousiasme. C'est compliqué aussi. Pourquoi ? Généralement c'est à contre-courant. Donc, si les résultats suivent, tu es un génie, sinon, « à la niche », tu nous emmerdes (paroles des managers classiques qui managent des managers « enthousiastes »).

« Manager » est une aventure humaine passionnante, c'est vivre ensemble, faire quelque chose ensemble, essayer de faire bien, de contribuer positivement, ce n'est pas pour être le chef le meilleur que le monde ait jamais connu !

Quel héritage transmettons-nous lorsque nous manageons par l'enthousiasme ?

Pensons-nous être plus utiles ou moins utiles à l'humanité que si nous manageons « comme une machine ». Auquel cas, comme je le dis souvent, il n'y a plus besoin de manager, il suffit d'une machine savante qui te donne des résultats et des bulletins : salaires, évaluations automatiques, gestion de carrière automatisée...

Messages clés

– Nous sommes là pour faire un monde beau et des choses belles, généreuses, harmonieuses, pour partager, rêver, aimer, construire, et non s'approprier, protéger, mettre des barbelés, salir, haïr, posséder.

☞

☞

– Manager par l'enthousiasme, c'est réussir à mobiliser son équipe, cela implique pour le manager une vraie présence. Le manager enthousiaste se repère physiquement par la présence que l'on lit sur son visage, par ses actes, par les mots qu'il utilise, parce qu'il est tout simplement. Il sait oublier les Powerpoint au profit de vrais moments de partage, il sait parler de ressenti au-delà des *reportings*, il sait faire confiance.
– Il rappelle souvent pourquoi nous sommes ensemble et comment nous voulons vivre ensemble, dans cette équipe.
– La position, le contexte, le type d'entreprise aident à manager par enthousiasme. Pas facile de manager par l'enthousiasme dans un environnement hostile : manager peu enthousiaste ou entreprise sans enthousiasme.
– C'est absolument formidable de manager et d'être managé par l'enthousiasme : « manager » est une aventure humaine passionnante. Il s'agit de vivre ensemble, de faire quelque chose ensemble, d'essayer de le faire bien, de contribuer positivement à la marche du monde.
– En France, les managers diplômés managent trop souvent par leur savoir et les chiffres et un discours mécanique.

Loïc Delaitre, expert logistique et organisation industrielle (société Savoye)

« C'est un signe de médiocrité que d'être incapable d'enthousiasme. »
Honoré de Balzac

Voici quelques caractéristiques d'un management par l'enthousiasme, issues d'une prise de recul personnelle.

• *Une définition générale et un point de vue…*

La littérature regorge de définitions mais aucune, à ma connaissance, ne concerne le point de vue que chaque individu peut avoir sur une situation, sur un projet ou sur des objectifs.

Pour moi, l'enthousiasme est un prisme à travers lequel un individu adoptera un point de vue positif sur une situation. Il générera une énergie positive et une motivation ou, dans le cas contraire, une démotivation. Il sera accélérateur de projet.

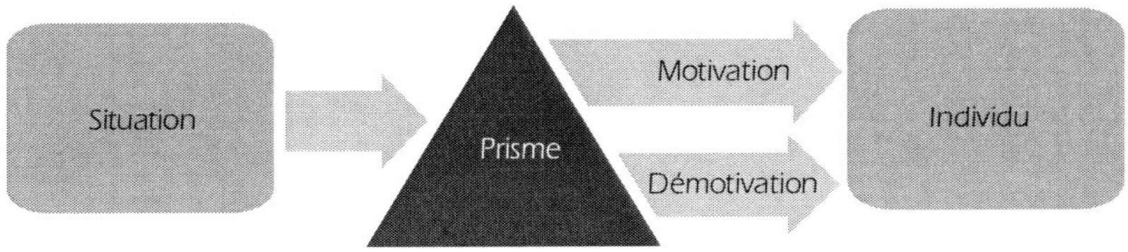

Figure 2.1 – L'enthousiasme comme prisme déterminant la perception d'une situation

Est-ce pour autant la meilleure vision d'une situation ?

Devons-nous toujours faire confiance à l'enthousiasme d'une personne ? La réponse n'est pas évidente. Force est de constater que, dans beaucoup de cas, l'enthousiasme a tiré les individus et leurs manières d'agir vers le haut, permettant ainsi l'atteinte des objectifs. Mais, en contrepartie, il peut exister des cas où l'enthousiasme a mené à un aveuglement tel des problèmes que les objectifs n'ont pu être atteints. L'enthousiasme de notre président est bien réel, pour autant a-t-il rempli ses objectifs ?

Comment appréhender l'enthousiasme dans la manière de manager ?

- *L'enthousiasme ou l'art de l'anticipation*

L'enthousiasme fait appel à la notion de prise de confiance et de prévision. On est enthousiaste aussi parce qu'on a confiance en soi. Cette prise de confiance amène une réjouissance anticipée.

La levée des incertitudes est une prise de confiance qui rend un individu plus convainquant, plus percutant dans ses propos et dans ses argumentations. Dans le cadre de projets collectifs, c'est un facteur clé de succès. Des cabinets de conseil se sont penchés sur les bonnes pratiques en management pour la réussite des projets et ont défini des méthodologies sociales de manière à canaliser tous les profils d'un groupe projet par exemple. Sans aucune méthodologie, l'enthousiasme permet une cohésion naturelle d'un groupe projet. Prenons l'exemple du sport : l'énergie d'une équipe de rugby est transmise par l'entraîneur qui, par son enthousiasme, rallie tous les profils différents pour un seul objectif. L'enthousiasme, c'est savoir lever les doutes, les incertitudes et les points bloquants d'une démarche. Par conséquent, le manager enthousiaste développe un schéma mental qui mène aux objectifs, c'est-à-dire qu'il sait identifier les points de blocage et connaître les solutions par anticipation. La notion d'anticipation est très importante, c'est le dénominateur commun de toute réussite maîtrisée.

Le manager peut être enthousiaste car il est leader sur un sujet et qu'il a, *a priori,* une solution possible pour mener à bien le projet, autrement dit, il a toujours un coup d'avance. À l'origine de Microsoft, l'enthousiasme de Bill Gates a été nourri par des stratégies anticipatrices à 10 ans qui amenaient le cœur du business autour des besoins individuels : le PC. Son concepteur a imaginé équiper chaque habitant d'un PC, à l'époque où l'ordinateur était introduit majoritairement dans les grands centres de recherches et les industries de pointe. Il avait une vision très avancée et une anticipation du besoin.

- *L'enthousiasme : convaincre et être convaincu*

L'enthousiasme est contagieux et se transmet généralement par un leader enthousiaste. Nous l'avons vu, l'enthousiasme, c'est avoir une vision et anticiper les problèmes. Avoir une solution pour chaque point bloquant génère un sentiment de positivité, de réussite future. L'individu managé est rassuré. Et comment ne pas être enthousiaste quand l'individu est rassuré ? Savoir convaincre, c'est rassurer et apporter une solution justifiée qui lève les verrous. Être enthousiaste, c'est aussi être convaincu. Parce qu'un manager leader est enthousiaste, il possède des réponses structurées qui permettent de mener une équipe vers le succès. Mais l'enthousiasme n'est pas uniquement issu du bon vouloir ou du comportement d'un leader. L'environnement peut être parfois une vraie composante pour le manager qui devra sans cesse innover pour maintenir la motivation dans ses équipes ; la répétitivité et les contextes économiques difficiles sont des freins à l'enthousiasme et pourraient constituer des freins à la force de persuasion du manager.

- *L'enthousiasme ou l'art d'aimer le challenge*

Qui dit challenge, dit nouveaux objectifs. De nouveaux objectifs sont la source d'une recherche de scénarios différents. L'enthousiasme permet d'innover et de ne pas prendre les chemins habituels, voire même d'aller à l'encontre de certaines croyances. C'est ce que l'on retrouve aujourd'hui dans la culture *Lean* où des citations très célèbres existent, comme par exemple : « Si tu veux des résultats que tu n'as pas l'habitude d'avoir, commence par faire ce que tu n'as pas l'habitude de faire ». Dans ce cas, la démarche du manager enthousiaste est fondamentale et le changement de vision est important pour la motivation des équipes. C'est avant tout un état d'esprit et un travail du manager qui doit créer ses propres scénarios.

• *La négativité au service de l'enthousiasme*

Qui n'a jamais rencontré une personne hostile à la manière d'opérer, à la proposition de solutions ou encore au déroulement d'un projet ? Je crois que nous avons tous vu ou connu au moins une personne plus ou moins réfractaire au projet dans lequel elle est impliquée. À défaut de communiquer l'enthousiasme, un tel comportement traite les sujets de fonds avec une remise en cause permanente des étapes, des propositions et des solutions. Ce comportement négatif peut être constructif dès lors qu' il ne détruit pas l'enthousiasme. Il peut d'ailleurs permettre au manager de challenger ses nouveaux scénarios et ainsi d'éviter des écueils. On apprend en effet beaucoup de ses difficultés voire de ses échecs.

• *L'auto-génération d'enthousiasme*

Au-delà d'un management enthousiaste, on peut se poser la question suivante : combien de temps dure l'enthousiasme chez une personne ? La démotivation peut avoir raison de l'enthousiasme, y compris pour le manager. Comment peut-il remettre de l'énergie dans le système ? Si l'enthousiasme pouvait se mesurer, il aurait probablement un comportement conforme au diagramme ci-dessous. L'enthousiasme décroît rapidement s'il n'y a aucun événement positif.

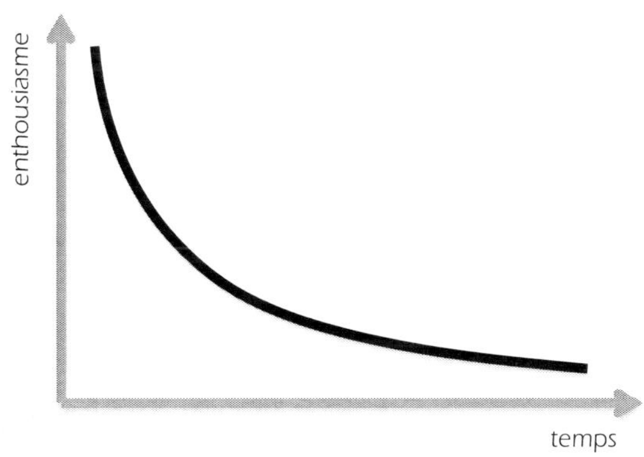

Figure 2.2

Un manager parviendra à maintenir son enthousiasme s'il reçoit des signaux positifs de ses équipes. Les signaux positifs peuvent être des mots, des résultats et des comportements. Recevant des signaux positifs, le manager conservera son enthousiasme et sera à même de le transmettre à ses équipes qui fourniront, elles aussi, ensuite des signaux, etc.

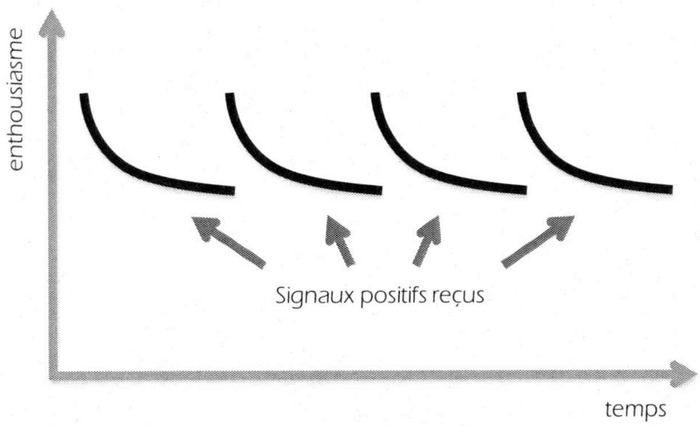

Figure 2.3

On retrouve une boucle vertueuse que l'on peut aisément comparer aux boucles de rétroaction en dynamique des systèmes. À l'inverse, s'il reçoit des signaux négatifs : mauvais résultats, mauvais comportements, démotivation des collaborateurs, le manager aura plus de difficultés à maintenir son enthousiasme, pourtant fondamental pour l'atteinte des résultats. Nous pourrions caractériser ces deux boucles par la figure suivante.

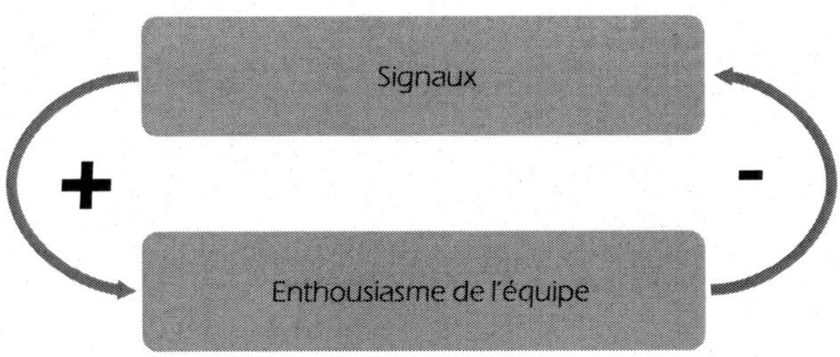

Figure 2.4

Plus les signaux sont importants et rapprochés dans le temps, plus l'enthousiasme sera maintenu. Les signaux positifs vont créer des marqueurs qui, déchiffrés par l'équipe, donneront un sentiment d'appartenance à un groupe bien identifié.

L'individu est par essence influençable par ses semblables. Par mimétisme, l'être humain est capable de se comporter en fonction d'un émetteur, d'un modèle. En entreprise, je constate souvent que l'enthousiasme se transmet par les personnes enthousiastes mais que la vraie difficulté est de stabiliser un état positif en permanence. La personnalité, la force de persuasion et les valeurs humaines jouent alors pleinement leur rôle.

• *En guise de synthèse*

Au-delà des compétences et du savoir-faire, le manager enthousiaste doit avoir des compétences de leadership pour entraîner des équipes. Ce que je constate aujourd'hui, c'est qu'il est assez difficile, dans le monde complexe où nous vivons, de rencontrer un manager réunissant compétences techniques et humaines où les mots « techniques » s'apparentent au savoir-faire et « humaines » aux qualités relationnelles.

Oui, l'enthousiasme est parti intégrante d'un management efficace et efficient et on retiendra deux typologies de manager : les enthousiastes compétents et dotés d'un savoir-faire qui ne sera pas remis en cause par ses collaborateurs et les enthousiastes dont le savoir-faire sera mis en défaut par ses collaborateurs mais qui pallieront ce manque par des valeurs relationnelles. Le plus étonnant est que ces deux types de manager peuvent atteindre leurs objectifs...

Plus personnellement, si je n'avais pas eu la chance d'avoir un mentor aussi enthousiaste pendant mes études et mon début de carrière, il est certain que le résultat et mes pratiques de management actuels auraient été tout autres.

Les messages clés

– L'enthousiasme est un prisme à travers lequel un individu adoptera un point de vue positif sur une situation.
– On est enthousiaste parce que l'on a confiance en soi. Cette prise de confiance amène une réjouissance anticipée.
– Le manager enthousiaste développe un schéma mental qui mène aux objectifs ; il sait identifier les points de blocage et connaître les solutions par anticipation.
– Savoir convaincre, c'est être rassuré et apporter une solution justifiée qui lève les verrous.
– L'enthousiasme permet d'innover et de ne pas prendre les chemins habituels, voire même d'aller à l'encontre de certaines croyances.

☞

☞
- Un manager enthousiaste parviendra à maintenir son enthousiasme s'il reçoit des signaux positifs de ses équipes.
- Les signaux positifs vont créer des marqueurs qui, déchiffrés par l'équipe, donneront un sentiment d'appartenance à un groupe bien identifié.

Pierre-Marie GALLOIS, ancien président du groupe Proconseil, professeur affilié à l'ESCP Europe

« Enthousiaste, enthousiaste, est-ce que j'ai une g… d'enthousiaste ? »

• *De l'entrepreneur enthousiaste à l'entreprise enthousiaste*

La capacité à s'enthousiasmer fait partie intégrante de la nature humaine. Même de façon fugace, chacun s'investit, poursuit un rêve, un idéal, fait des rencontres marquantes, s'émerveille, défend une cause, vibre au son d'une musique, face à un paysage, devant une œuvre... Autant de moments d'enthousiasme qui jalonnent notre existence et qui lui donnent toute sa saveur.

Les qualités les plus remarquables sont la constance et la persévérance dans l'enthousiasme. C'est la marque de ceux qui s'engagent durablement dans une relation, au service d'une cause à laquelle ils croient profondément. On les reconnaît à leur énergie, à leur détermination, à leur force de conviction, à leur éternelle jeunesse. Ils forcent souvent l'admiration.

Je me situe probablement entre les deux, à la fois enthousiaste éclectique et, sur quelques points, enthousiaste persévérant.

Je fais partie de cette génération qui a eu la chance de pouvoir se libérer et d'inventer son propre futur, celle qui était convaincue que sous les pavés se trouvait la plage ! On y croyait vraiment, même si nous avons ensuite été rattrapés par une réalité que nous n'avons pas forcément su modeler. Oui, l'enfer est pavé de bonnes intentions et ces pavés là, nous n'avons pas réussi à tous les enlever.

Il y a plus de quarante ans, après une première expérience marquante en Afrique, je me suis engagé avec enthousiasme dans l'aventure du post-taylorisme. Avec mes collègues, mes complices devrais-je dire, nous mettions toute notre énergie au service d'une idée, d'une ambition, celle d'aider les entreprises à devenir plus efficaces en les libérant du carcan de l'organisation scientifique du travail. Oui, il était possible de penser à l'envers pour reprendre le titre de l'ouvrage de Benjamin Coriat[1] ou plutôt, devrais-je dire, oui il était possible de repenser à l'endroit en décloisonnant, en installant le progrès comme une activité permanente, en redonnant du pouvoir au terrain, en développant les compétences, bref en remettant le système au service de l'homme et ainsi en redonnant à l'homme une place qu'il n'aurait jamais dû perdre, celle de bâtisseur de son propre futur.

Mais dans le même temps, la financiarisation de l'économie, simple bruit de fond à l'origine, a progressivement et inexorablement imposé sa loi. Les entreprises devenaient peu à peu des machines à générer du gain à court terme. Les actions de progrès au lieu de permettre de nouvelles perspectives, d'ouvrir de nouvelles voies, n'avaient plus comme conséquence que de réduire la voilure ; mettre toute l'énergie sur la réduction du dénominateur de la productivité au lieu d'agir avec intelligence sur son numérateur est une attitude suicidaire à terme, vous en conviendrez. Peu à peu le résultat économique devenait la fin alors que pour tout véritable entrepreneur, il n'a toujours été que le moyen du développement. J'ai en mémoire ce que m'a dit un jour un grand dirigeant, « le profit pour l'entreprise, c'est comme l'oxygène pour la vie » ; effectivement s'il est indispensable de respirer pour vivre, on ne vit pas pour respirer, du moins je l'espère ! Cette déshumanisation progressive du monde du travail accompagnée de son cortège de désillusion, de perte du sens, de perte du sentiment d'utilité, de disparition de toute fierté, a renforcé chez beaucoup une attitude schizophrénique conduisant à séparer la vie professionnelle du reste ; des dirigeants « gestionnaires » sans autre ambition que la leur, se comportant dans l'entreprise comme jamais ils ne le feraient avec leurs proches et des employés désabusés laissant leur enthousiasme « au vestiaire » en arrivant et ne le reprenant qu'en repartant !

C'est probablement face au risque de devenir malgré moi un acteur de ce système qui s'est déréglé et emballé, que ma conviction s'est renforcée de poursuivre, avec mes mêmes complices, dans la voie dans laquelle nous nous étions engagés mais avec une ambition plus claire, celle d'installer des hommes enthousiastes au sein d'entreprises enthousiastes, avec cette chance particulière, à ce moment-là, de pouvoir agir sur deux terrains, celui de notre propre entreprise et celui de nos clients.

Nous avons été confortés dans notre démarche lorsque nous avons vu éclore et se multiplier de nombreuses initiatives tant macro que micro-économiques qui allaient « à contresens » ou plutôt dans le bon sens confirmant que nous

1. B. Coriat, *Penser à l'envers*, Christian Bourgeois éditeur, 1991.

n'étions pas les seuls à nous interroger et à chercher des alternatives : commerce équitable, microcrédit et financement solidaire, Scop (Sociétés coopératives et participatives), entreprises de l'économie solidaire, entrepreneurs éclairés menant leur entreprise comme une véritable aventure humaine (projet ambitieux, équipes en confiance, partage des résultats, éthique rigoureuse...).

Mais l'enthousiasme collectif ne se décrète pas, il est plus que la somme d'enthousiasmes individuels, il est le fruit d'une envie partagée, d'une confiance mutuelle et d'une belle solidarité. Il a aussi cette propriété rare, qu'à l'inverse du gâteau, lorsqu'on le partage, il augmente ! Autrement dit, c'est une spirale vertueuse qu'il « suffit » d'amorcer avec de la conviction, du *leadership*, de la pédagogie, un brin de folie pour le rêve et un brin de méthodologie pour le rationnel.

Il fallait aussi préparer les futurs dirigeants et entrepreneurs à porter un autre regard sur l'entreprise, leur faire comprendre que la performance n'est pas seulement économique mais qu'elle est aussi humaine, sociale et écologique, que sans enthousiasme, on ne peut accomplir de grandes choses ; apporter la contradiction. Faire évoluer les cursus de formation qui contribuaient à propager cette vision purement mécaniste et financière de l'entreprise devenait une nécessité. Par goût bien sûr et par conviction aussi, je me suis ainsi engagé en parallèle dans l'enseignement et la formation afin de faire partager et transmettre cette vision humaniste des organisations. C'est devenu aujourd'hui mon activité principale.

De mes expériences sur ces différents terrains, j'ai pu constater que l'idée de l'entreprise enthousiaste est plutôt partagée ; même si parfois elle apparaît utopique, elle suscite une certaine envie d'y aller mais très vite, on y oppose des arguments d'impuissance. C'est probablement le manque d'audace qui est le point le plus bloquant ; audace des dirigeants pour autoriser et faire confiance *a priori*, pour partager le pouvoir, pour sortir du schéma « délégation-contrôle » et passer à « autonomie-soutien », pour laisser un peu de place au non rationnel, audace des collaborateurs pour prendre une partie du pouvoir, pour se faire confiance et croire en leurs propres capacités à décider et à faire, pour s'autoriser à inventer et à « respirer », audace pour tous de l'humilité, de la simplicité et de l'écoute, audace de faire simple et simplement. Et pourtant, il ne suffit que d'un peu d'audace et d'un peu de confiance pour constater que des initiatives se prennent, que le lien social se renforce, qu'une certaine connivence s'installe. Le rêve d'une entreprise enthousiaste est loin d'être inaccessible.

Au travers de mes propres expériences à la fois de dirigeant et d'accompagnement d'entreprises sur cette voie de l'enthousiasme, celle de la quête de l' « agilité harmonieuse » comme je la nomme, j'ai d'abord pu en identifier, formuler et confronter à la réalité quatre principes fondateurs. En poursuivant cette quête, j'ai peu à peu réalisé que ces quatre principes s'inscrivaient dans une vision beaucoup plus large décrite par sept postulats qui leur donnaient du sens et les situaient dans une véritable perspective enthousiasmante.

C'est ce que j'ai appelé, en hommage à un grand monsieur, « les quatre principes de la productivité restreinte » et « les sept postulats de la productivité générale » que je vous livre ici. Ils sont, pour moi, à la base des organisations enthousiastes dès lors que l'on comprend le mot « productivité » dans son sens le plus noble, à savoir la capacité d'une organisation à créer et à servir tout en utilisant au mieux et en développant ses ressources et ses hommes.

Les quatre principes de la productivité restreinte :

1) La performance d'une entité résulte en sa capacité à créer plus de valeur tout en s'efforçant simultanément d'éliminer les opérations considérées sans valeur ajoutée.
2) Le terrain est le lieu privilégié d'observation des problèmes et des gaspillages. C'est en développant les compétences des équipes opérationnelles et en leur donnant le pouvoir d'améliorer que l'on pourra en résoudre une grande partie et remonter aux causes des autres.
3) C'est au niveau des interfaces que se situent la plupart des pertes d'efficacité. La coopération, la confiance, la solidarité, le travail d'équipe et l'élargissement des responsabilités sont les principaux moyens d'y remédier.
4) Le progrès, la montée en performance, sont un voyage, pas une destination. L'amélioration permanente doit être l'une des activités principales au sein de toute organisation.

Les sept postulats de la productivité générale :

1) Toute entreprise, toute organisation n'est pas à considérer comme une structure mais comme une dynamique, un mouvement : c'est une aventure humaine.
2) Cette aventure est la réalisation d'un projet collectif, une œuvre commune porteuse de sens, source d'épanouissement et de fierté de l'équipe où chacun est co-auteur solidaire de la construction de son futur.
3) La vocation du projet, son sens, est de rendre meilleur l'écosystème de l'entreprise ou de l'organisation et ainsi de contribuer au progrès (humain, social, technique, culturel, écologique...) de la société. Un pas pour l'équipe et, très modestement, un (tout petit) pas pour l'humanité.
4) Au fil du temps, l'équipe change mais le projet continue. Chacun hérite de l'ouvrage de ses prédécesseurs, le poursuit, y apporte sa propre touche et le transmet à ses successeurs.

5) Il est essentiel de libérer (à tous les sens du terme) la totalité des ressources et des hommes de l'entreprise pour les mettre au service du développement. Tout ce qui détourne l'énergie et les ressources de l'équipe de son bien-être et de la réussite du projet est un gaspillage engendrant une perte de productivité globale puis de sens ; la cacophonie au lieu de l'harmonie et de la sérénité.
6) La rentabilité n'est pas une fin en soi. Elle n'est que le moyen de financer la poursuite du projet et d'en rémunérer justement tous les contributeurs.
7) La justesse du partage du résultat entre le projet et ses co-auteurs ainsi qu'entre chacun des co-auteurs est la clé de la pérennité.

J'ai commencé en parlant d'enthousiasme ponctuel et d'enthousiasme persévérant. À ces deux formes qui s'appliquent à chacun d'entre nous, se rajoute une troisième, celle de l'enthousiasme collectif. L'entreprise enthousiaste conjugue ces trois formes avec des dirigeants enthousiastes, des collaborateurs intrapreneurs enthousiastes et une équipe enthousiaste qui ensemble conquièrent fièrement de nobles sommets. C'est la définition que je propose de donner de l'entreprise et plus généralement de toute organisation tant je crois que toute entreprise humaine se devrait d'être humaniste.

Messages clés

- La capacité à s'enthousiasmer fait partie intégrante de la nature humaine.
- Les qualités les plus remarquables sont la constance et la persévérance dans l'enthousiasme.
- Mais l'enthousiasme collectif ne se décrète pas, il est plus que la somme d'enthousiasmes individuels, il est le fruit d'une envie partagée, d'une confiance mutuelle et d'une belle solidarité. Il a aussi cette propriété rare, qu'à l'inverse du gâteau, lorsqu'on le partage, il augmente !
- De mes expériences sur ces différents terrains, j'ai pu constater que l'idée de l'entreprise enthousiaste est plutôt partagée. C'est probablement le manque d'audace qui est le point le plus bloquant.
- Et pourtant, il ne suffit que d'un peu d'audace et d'un peu de confiance pour constater que des initiatives se prennent, que le lien social se renforce, qu'une certaine connivence s'installe. Le rêve d'une entreprise enthousiaste est loin d'être inaccessible.

☞

☞

– Il faut comprendre le mot « productivité » dans son sens le plus noble, à savoir la capacité d'une organisation à créer et à servir tout en utilisant au mieux et en développant ses ressources et ses hommes.
– L'entreprise est une aventure humaine. Cette aventure est la réalisation d'un projet collectif, une œuvre commune porteuse de sens, source d'épanouissement et de fierté de l'équipe où chacun est co-auteur solidaire de la construction de son futur.
– L'entreprise enthousiaste conjugue ces trois dimensions : des dirigeants enthousiastes, des collaborateurs intrapreneurs enthousiastes et une équipe enthousiaste qui ensemble conquièrent fièrement de nobles sommets.

Gérard Mattei, responsable qualité dans une société de transport

« L'enthousiasme se transfère, il faut trouver dans la vie les bons catalyseurs ceux qui allument votre propre enthousiasme. »

• *Je vous ai choisi car lorsque nous nous sommes rencontrés, vous m'avez étonné par votre dynamisme et votre enthousiasme. Vous jugez-vous enthousiaste ?*

Oui tout à fait, c'est vrai que naturellement je suis optimiste, je vais vers la clarté. Je vois le verre plein plutôt que le vide et j'ai envie d'aller vers l'action.

• *Vous avez 60 ans, avez-vous toujours été enthousiaste ?*

J'ai toujours eu envie d'aller de l'avant mais parfois le contexte de l'entreprise peut influer. Certaines directions délèguent, font confiance. D'autres pas… Je me suis senti parfois brimé et pourtant j'ai besoin d'adrénaline. Passer ma journée à ne rien faire, à lire le journal ne m'intéresse pas. Je l'ai d'ailleurs exprimé à un entretien annuel avec mon manager, je lui ai fait part de mon désir d'être challengé.

C'est à cette période que l'on m'a proposé le poste de responsable qualité. Ce sujet ne m'intéressait pas *a priori*. J'avais une image de la qualité très négative, une démarche qui fait perdre du temps.

Je suis parti en formation et j'ai appris une condition de réussite : s'appuyer sur la direction générale. Comme elle était elle-même enthousiaste sur le sujet, cela a créé une synergie et libéré mon propre enthousiasme alors que je me sentais à l'époque brimé.

Et j'ai réussi le challenge. Nous avons obtenu de bons résultats ; j'ai réussi à embarquer les équipes avec moi.

- *Y a-t-il des moments où vous baissez les bras ?*

Oui parfois, quand je veux faire passer des messages et qu'en face je vois des visages fermés. Mais je trouve les moyens de me ressourcer : je vais lire un blog qui me conforte dans l'idée que ce que je fais est important, que la qualité est importante, que cela marche chez les autres.

Quand on est tout seul dans la fonction (c'est mon cas) on a besoin d'être rassuré, de savoir que l'on n'est pas sur la mauvaise voie ou de trouver de nouveaux points de repères pour se recentrer.

- *Je vous ai rencontré en formation. C'est un passage important pour créer et/ou maintenir l'enthousiasme ?*

J'ai suivi depuis ma prise de fonction (3 ans) 5 formations, mais la première a été la plus impactante. J'avais une image négative de la qualité, j'ai rencontré un consultant qui était convaincu, qui avait une flamme et qui me l'a transférée. J'ai changé, je me suis remis en question.

Et puis, au sein de mon entreprise, j'ai trouvé deux appuis : la direction générale et la direction des ressources humaines. Au final, trois personnes m'ont alimenté.

L'enthousiasme se transfère, il faut trouver dans la vie les bons catalyseurs, ceux qui allument votre propre enthousiasme. On peut être « éteint » à un moment à cause d'un contexte difficile, mais si on trouve une allumette, la petite flamme repart et on peut aussi la transmettre aux autres. Il faut trouver des personnes qui croient en vous.

- *Et les autres formations, que vous ont-elles apportées ?*

Elles m'ont aidé à entretenir mon envie d'action. Elles m'aident aussi à me recentrer. Elles me donnent des directions, des outils parce que sans outil, on a beau avoir envie, on n'avance pas, on ne concrétise pas et ça use tout le monde.

- *Et face à des personnes négatives ?*

C'est vrai que l'on n'arrive pas toujours à transférer son enthousiasme. Il y a des moteurs, des attentistes et des réfractaires dans une entreprise. Quand on veut faire passer un message, mettre les personnes dans l'action, il faut laisser les négatifs, s'intéresser aux personnes positives, moteurs et s'appuyer sur elles. Cela fait alors tâche d'huile. On crée ainsi une dynamique, une envie de travailler ensemble. Cela ne sert à rien de tenter d'affronter les opposants, cela épuise.

Mieux vaut travailler avec les positifs, se concentrer sur le but à atteindre pour ne pas rater la cible. J'ai compris aussi que pour réussir en qualité, il faut que les personnes soient bien dans leur travail. Sinon on ne peut diffuser la motivation. Bien dans son métier, on a tout de suite plus de dynamisme à partager, on a plus envie de progresser.

- *L'enthousiasme est-il une condition indispensable pour manager ?*

Oui sûrement ! C'est évident. Voir un manager qui « fait la tronche » ne donne pas envie, ça bloque l'enthousiasme des équipes. S'il a le sourire, s'il a du charisme, cela change tout de suite la relation entre le manager et son équipe.

C'est naturel avec un manager enthousiaste, on veut donner, aller de l'avant ; s'il donne, il peut récolter.

Le manager enthousiaste a le sourire, il sait communiquer, il sait transférer son envie de travailler, de réussir des projets et implicitement les équipes le suivent et les actions sont menées.

- *Comment maintenir l'enthousiasme au quotidien ?*

C'est surtout le respect de la personne : la saluer, lui dire bonjour sincèrement, la valoriser quand elle réussit. Ce sont des gestes familiers, des attitudes quotidiennes : un café, une relation vraie… On donne l'impression de créer « une petite famille » et c'est sincère.

Avant de reconnaître les efforts d'une équipe par une prime financière, il faut d'abord reconnaître les collaborateurs, les valoriser. Il y a une demande très forte à ce sujet.

- *L'enthousiasme, une condition clé pour réussir dans un poste de manager transversal comme celui de la qualité ?*

C'est fondamental dans toutes les missions, dans tous les métiers mais c'est vrai qu'en qualité, on ne manage pas par l'autorité hiérarchique. Il faut donner envie, faire adhérer. Aujourd'hui, je n'ai pas d'équipe mais il faut que j'interagisse avec les collaborateurs de l'entreprise.

Mon enthousiasme m'a aidé à réussir ce challenge et maintenant les gens viennent naturellement vers moi !

Messages clés

– L'enthousiasme se transfère, il faut trouver dans la vie, les bons catalyseurs ceux qui allument votre propre enthousiasme.
– Pas toujours facile d'être enthousiaste… quand l'environnement de travail ou le sujet ne s'y prête pas. On peut être « éteint » à un moment à cause d'un contexte difficile, mais si on trouve une allumette, la petite flamme repart et on peut aussi la transmettre aux autres. Il faut trouver des personnes qui croient en vous.
– Face à un manager enthousiaste, on a envie de tout donner, d'aller de l'avant. Il donne et peut récolter. Le manager enthousiaste a le sourire, il sait communiquer, transférer son envie de travailler, de réussir des projets ; implicitement, les équipes le suivent et les actions sont menées.
– L'enthousiasme a besoin d'être régulièrement nourri par des rencontres, des signaux positifs, de la reconnaissance et ne peut néanmoins se substituer aux outils de gestion nécessaires à l'avancement des projets.
– Pour transférer son propre enthousiasme, il faut s'appuyer en priorité sur des personnes positives, moteurs, pour progressivement entraîner les sceptiques puis les opposants. Rien ne sert de s'épuiser à convaincre les opposants dès le départ. Il faut trouver des personnes qui croient en vous.
– La formation peut avoir un rôle essentiel à jouer dans le développement personnel des enthousiastes. C'est un moyen de conserver son enthousiasme, comme la lecture de journaux et de blogs, surtout quand on est seul dans sa fonction.
– Les clés pour le maintien de l'enthousiasme au quotidien : un véritable esprit de famille animé par les valeurs de respect, convivialité, confiance, valorisation et reconnaissance.
– L'enthousiasme, fondamental dans tous les postes de managers l'est plus encore quand il s'agit d'animer transversalement une fonction ou un sujet sans autorité hiérarchique sur laquelle s'appuyer.

David Hansen, responsable *business development*

« Le soutien dans mes actions, mes idées et mes initiatives n'a jamais fait défaut, tant celles-ci étaient la plupart du temps l'expression même de la pensée de mon manager. »

En quinze années d'expérience professionnelle et sous le management direct de 6 « patrons » successifs, j'ai eu l'occasion d'en rencontrer 3 que je qualifie volontiers d'enthousiastes et aucun de ces 3 managers ne se ressemble. Quand l'un était avant tout joyeux, plein de fantaisie (mais pas fantaisiste), toujours optimiste et n'imaginant jamais l'échec (en tout cas pas devant ses collaborateurs), un autre affichait surtout un tempérament d'entrepreneur, ayant toujours un projet ou un défi à relever et partant du principe que rien n'est jamais acquis ou perdu définitivement. Le dernier enfin avait toujours tendance à s'amuser des situations qu'il considérait comme autant de négociations à mener (avec ses interlocuteurs, ses collaborateurs) ou de jeux à tenter. Chacun, à sa manière, dégageait, et dégage encore j'en suis sûr, une certaine forme d'enthousiasme qui, je le reconnais, a marché et marche encore formidablement sur moi. Je ne suis pas sûr que mes collègues de l'époque ou actuels ont vécu les choses comme moi : j'étais et je reste facilement entraîné par l'énergie, la force de conviction, la vision sans oublier l'enthousiasme d'un manager. L'intelligence pure ou l'expérience opérationnelle de mon manager ont bien entendu été des facteurs de motivation, mais ce qui reste déterminant pour moi est sans aucun doute son ardeur à agir, pour ne pas subir. Il ne s'agit pas de causes à défendre, ni de rêve à réaliser, mais plutôt la conviction qu'un manager est là pour apporter de la nouveauté dans une entreprise, parfois changer le paradigme général, en considérant que rien n'est jamais définitivement acquis, qu'il s'agisse d'une position avantageuse ou désavantageuse. Le devoir d'un manager est entre autres, selon moi, d'anticiper sans cesse les évolutions à venir (les créer même parfois) afin d'en garder le contrôle autant que possible.

Pour moi, les caractéristiques du manager enthousiaste sont le goût du jeu, le plaisir éprouvé dans le défi, le partage d'une vision prospective, l'anticipation du changement nécessaire et attendu. Il est aussi doté d'une confiance inébranlable dans ses projets et leurs chances de succès. Non parce qu'il considère qu'à lui seul il sait mener à terme l'action entreprise, mais sûrement parce qu'il sait, consciemment ou pas, qu'il trouvera à un moment ou un autre les mots et les gestes qui entraîneront le groupe, le collectif, l'équipe qui elle-même se dépassera pour la réussite globale. Les 3 managers enthousiastes que j'ai rencontrés ont déjà connu des revers, leur enthousiasme n'en a pourtant pas été altéré. C'est un trait de caractère majeur de ces joueurs, habitués à ne pas gagner toutes les parties engagées mais confiants dans le succès final.

Tout au long de mes expériences professionnelles heureuses, j'ai pu constater que tout le monde n'était pas réceptif comme je l'étais à leur enthousiasme. Ce qui pour moi relevait de la force de conviction, de l'énergie créatrice et de l'entraînement des équipes, était pour d'autres de l'excitation, de la frivolité, du manque de sérieux… bref, un comportement jugé indigne d'un manager. Ainsi m'est-il arrivé de me demander si ma motivation à l'écoute de mon manager enthousiaste était due à lui (ou elle) ou à moi-même. Un peu des deux il me semble, car parmi mes *drivers* de performance, le défi, le plaisir partagé et la vision sont des éléments déterminants. Le style très personnel et très différent de ces 3 patrons y était aussi pour quelque chose, assurément… S'épanouir aux côtés d'un manager enthousiaste, c'est donc, à mon sens, avant tout l'histoire d'une rencontre. Ce qui était enthousiasmant, je crois, était notre collaboration. Autrement dit, je ne crois pas qu'un manager puisse être enthousiaste seul (ou alors pas très longtemps). Il lui faut une ou plusieurs personnes chez qui cet enthousiasme fait écho. Sans cela, l'enthousiasme se réduit, se tarit, et l'enthousiaste quitte la société dans laquelle il évolue pour trouver un autre environnement qui lui correspondra davantage. C'est je crois, un élément essentiel du manager enthousiaste, certes, son enthousiasme correspond à sa nature profonde, mais il ne l'est pas pour en profiter lui-même, pour son seul plaisir ; il cherche à le communiquer et à le partager. Sans « public », il quitte les lieux pour aller poser ses valises ailleurs.

L'énergie et la passion dont mes managers ont fait preuve ont eu un effet positif dans mon développement professionnel à plus d'un titre. Leur insistance à me faire comprendre (et partager) leur vision m'a fait découvrir le levier managérial majeur de ce *driver*. J'ai pu expérimenter moi-même le plaisir d'exprimer ma propre vision et mon ambition concernant un projet, et par conséquence la force de cette vision auprès de mes collègues ou collaborateurs. Faire adhérer à sa vision est à la fois un exercice de vente, de communication et un plaisir, visant à donner du sens à ses équipes, et à procurer chez elles le sentiment et la conviction que leur action en est pourvue. Fort d'une vision partagée (car souvent clairement énoncée), je me sentais soutenu dans mes démarches car elles étaient en alignement avec la vision et l'ambition de mon manager. Le soutien dans mes actions, mes idées et mes initiatives n'a jamais fait défaut, tant celles-ci étaient la plupart du temps l'expression même de la pensée de mon manager. Dans les cas contraires, qui ont été fréquents, et en cas de divergence apparente, mon manager s'est toujours montré ouvert à mes idées voire en demande d'une « contradiction constructive », assuré que nos objectifs étaient identiques, seuls les moyens pour y arriver pouvant éventuellement diverger. Je jouissais ainsi d'une grande liberté d'expression et d'une assurance certaine dans ma prise d'initiative. Enfin, je bénéficiais de sa reconnaissance pour mon engagement, mon énergie à communiquer sa vision et son ambition et à œuvrer tout simplement à réaliser son projet. Cette combinaison alliant vision, soutien, liberté d'expression, assurance et reconnaissance a été pour moi un très fort facteur d'épanouissement et de développement professionnel et personnel. J'ai pu élargir le spectre de mes actions, de mes connaissances, de mes expertises et surtout de mes compétences.

À côté de ces quelques managers enthousiastes, il m'est arrivé de connaître des styles de management plus classiques, soit en tant que report direct, soit en tant que collègue d'un manager que je qualifie de « lambda ». Il est certain que peu de choses ont autant de saveur et procurent autant de plaisir qu'une collaboration avec un manager enthousiaste, mais ce dernier appartient à une espèce peu présente dans les entreprises, notamment françaises, pour lesquelles le schéma managérial traditionnel repose davantage sur une autorité assise sur l'expertise et surtout l'ancienneté. La qualité de la relation d'un manager avec ses collaborateurs directs ou collègues est assez peu prise en considération dans son appréciation par l'entreprise en général et son évolution en son sein. Il est d'ailleurs surprenant de voir que lors de l'évolution professionnelle d'un manager, les recruteurs (internes ou externes) se tournent exclusivement vers son N +1 afin d'obtenir des références à son sujet et jamais vers ses N-1 qui auraient pourtant beaucoup à dire sur la qualité de son management.

Mes expériences aux côtés de managers traditionnels se sont avérées intéressantes, m'ont apporté connaissances et expertise, mais ont manqué de l'excitation et du plaisir que j'ai éprouvés par ailleurs. J'avais globalement l'impression d'être davantage dans un rôle d'exécution de missions qui m'étaient confiées que dans une démarche de prise d'initiative. Ce constat m'amène d'ailleurs, lors de mes recherches d'évolution professionnelle, à porter davantage attention au style de management de mon potentiel N+1. Il semble difficile d'identifier, en l'espace d'une heure et lors d'un entretien formel, l'enthousiasme d'un patron, si ce n'est par l'énergie qu'il dégage, sa capacité à apporter une vision prospective sur son métier et son environnement et les projets qu'il ambitionne de mener. Il est peu probable qu'un recruteur qui peine à présenter les enjeux de sa fonction, les évolutions potentielles à venir et les changements clés qu'il compte apporter soit un manager enthousiaste, pour toutes les raisons évoquées précédemment.

Aujourd'hui beaucoup plus qu'avant, je souhaite choisir mon style de manager car je suis davantage conscient de mes *drivers*, de mes points forts comme de mes faiblesses et je suis convaincu que le style de management qui m'est approprié est celui de l'enthousiasme. Je veux me projeter dans l'avenir et contribuer aux changements inévitables d'une entreprise, être au service d'une vision et pas seulement d'actions à mener, pouvoir prendre des initiatives en autonomie et en confiance, prendre du plaisir dans mon action et mon propre management. Je veux pouvoir évoluer dans un environnement où l'humour et la dérision sont des leviers de management, comme la célébration des réussites collectives ou individuelles. Enfin, où le management n'est plus seulement une question de contrôle de tâches à réaliser, de plans d'actions à suivre ou d'indicateurs de performance à améliorer, mais de changements à instiller, de comportements à modifier, de vision à donner… et de bons moments à partager. Mon souhait est clair. Aurai-je l'opportunité de connaître à nouveau cela ? La raison m'oblige à ne pas être intransigeant sur ce sujet et à ne pas en faire un critère de recrutement rédhibitoire ; néanmoins, je ne peux abandonner l'espoir que mon prochain manager sera enthousiaste et que je m'épanouirai pleinement à ses côtés.

Messages clés

- L'histoire de rencontres : le joyeux, l'entrepreneur et le joueur, ou comment assurer une vision réellement partagée.
- Les trois managers enthousiastes de l'histoire partagent tous : une ardeur à agir, un goût du jeu, du plaisir à relever les défis et à conduire les changements ainsi qu'une confiance inébranlable dans le succès de leurs projets. Ils partagent également une force de conviction, une énergie créatrice et une capacité à entraîner, parfois perçues néanmoins comme de la frivolité, du manque de sérieux, de l'excitation indignes d'un manager. Ils sont dotés d'une confiance inébranlable dans ses projets et leurs chances de succès.
- Le manager enthousiaste ne peut rester enthousiaste seul, il a besoin de transférer, de partager son enthousiasme sinon celui-ci se tarit. Un manager enthousiaste qui ne trouve pas de « terrain de jeux » propice fait ses valises pour les poser ailleurs.

☞

☞

– Avec l'enthousiasme, le management n'est plus uniquement une question de contrôle, de *reporting*, de tâches à réaliser mais relève de changements profonds à installer, de comportements à modifier, des défis à relever et de bons moments à partager. Il s'agit avant tout de faire adhérer à une vision, à une ambition, de donner du sens aux équipes, en trouvant les mots pour chacun. Une fois la vision réellement partagée, les décisions, les idées, les actions engagées par chacun sont naturellement soutenues par l'équipe, car toujours alignées sur l'ambition commune. Le manager peut alors laisser à ses équipes une grande liberté d'initiative et d'expression : la reconnaissance de l'engagement associée à la confiance et le sens de l'action deviennent des facteurs d'épanouissement professionnel et personnel.
– Le manager enthousiaste induit un autre effet positif, celui de la prise de conscience qu'il existe un autre mode de management hors des schémas traditionnels parfois trop rigides, basés sur l'expertise et l'ancienneté. Un collaborateur managé par l'enthousiasme appliquera ce mode de relationnel quand il deviendra manager et sa perception de l'enthousiasme de son futur manager pourra également devenir un élément déterminant dans ses futurs choix de postes.
– Il est étonnant que la plupart des évaluations des managers ne prenne pas en compte les avis des collaborateurs, pourtant premiers concernés par la qualité managériale de leur chef.
– Mes expériences auprès de managers traditionnels se sont avérées intéressantes, m'ont apporté connaissance et expertise mais ont manqué de l'excitation et du plaisir que j'ai éprouvés par ailleurs.

Julie Gillet-Goinard, collaboratrice dans une équipe Achat dans une société bancaire, génération Y

« L'autorité hiérarchique sans enthousiasme, c'est tout simplement pas possible ! »

• *Quelle est, pour toi, la définition de l'enthousiasme ?*

Pour moi, l'enthousiasme est rattaché à une idée. On est enthousiaste à l'idée de faire quelque chose ou à propos de quelque chose.

L'enthousiasme est aussi lié à l'action, sinon on parle juste d'entrain.

• *Et le manager enthousiaste ?*

C'est celui qui transmet à son équipe son optimisme à relever des défis, à atteindre des objectifs, l'optimisme étant pour moi un mélange de « positivisme » (voir les choses du bon côté) et d'entrain (le dynamisme qui fait avancer). Le manager enthousiaste est optimiste, il entraîne.

• *As-tu bénéficié de cette expérience : un manager enthousiaste ?*

Ma manager actuelle est enthousiaste, elle positive toujours le futur, elle sait présenter les projets de manière positive, raisonner en termes d'impacts gagnants pour ses collaborateurs (voilà ce que le projet va nous apporter, ce que nous allons y gagner) et surtout elle s'adapte pour cela à son collaborateur. Elle n'a pas le même discours avec chaque membre de son équipe. Elle présente la tâche demandée de telle manière que j'ai envie de la réaliser, parce que j'en aurais vu tous les impacts positifs, les gains potentiels...

Avec moi, elle sait trouver les bons arguments, elle me connaît et sait ce qui me touche. Avec une autre collègue, elle adopte d'autres approches. Par cette capacité à entraîner les membres de son équipe, elle crée l'enthousiasme.

• *Ainsi l'enthousiasme est une forme de capacité à convaincre ?*

En partie oui, mais il y a le fond et la forme, l'enthousiasme du manager et la recherche de l'enthousiasme du collaborateur. Elle ne cherche pas à convaincre pour convaincre et faire agir, elle cherche à transmettre son envie. Elle pourrait être enthousiaste et ne pas avoir envie de transmettre ou ne pas savoir. Dans son cas, elle va toujours tourner l'action demandée comme quelque chose de positif pour son collaborateur.

Elle est enthousiaste sur le fond et sait le transmettre dans la forme.

• *Peut-on alors parler de manipulation ?*

Non, parce qu'elle recherche une solution gagnant-gagnant. Ce n'est pas uniquement pour sa réussite à elle mais pour l'intérêt de chacun. Le management enthousiaste, c'est créatif ! Ça fait avancer.

• *Comment son enthousiasme se traduit-il au quotidien ?*

Hormis le fond dont nous avons parlé, sa capacité à trouver des arguments qui donnent envie, elle sait communiquer de manière positive : cela peut être une chose aussi simple qu'un smiley dans un mail, le ton de sa voix, le sourire. Elle sait prendre le temps pour prendre un café et discuter avec son équipe.

Elle parle « haut », elle rit, elle partage beaucoup, elle a un excellent relationnel.

Elle crée ainsi une ambiance avec ses collaborateurs, cela se voit dans les réunions. Au quotidien, elle va réagir à une bonne nouvelle, nous féliciter, nous aider si on en a besoin. Elle nous pousse au bon sens du terme.

Et surtout, elle n'est pas enthousiaste uniquement quand elle a quelque chose à nous demander. C'est une attitude réelle.

- *Ce mode de management marche-t-il avec tout le monde ?*

De manière différente, à des degrés différents, en tout cas, sans parler de rendre les autres très enthousiastes, elle arrive à les rendre moins pessimistes ou moins réticents.

Transmettre son enthousiasme, c'est être convaincu et savoir convaincre de la valeur d'une idée (pour l'autre, sur le fond et sur la forme).

Dans certains cas, il faut être plus sur le fond que sur la forme, dans d'autres cas, c'est l'inverse.

- *Ta manager est-elle, elle-même, dans un contexte enthousiaste ?*

Pas toujours mais elle garde son enthousiasme. Ce n'est pas toujours facile d'enthousiasmer son N+1, cela s'applique pour moi plus à ses collaborateurs. C'est plutôt descendant qu'ascendant.

- *Si tu devais changer de manager et faire face à un manager neutre, cela t'influencerait-il ?*

Je n'arrêterais pas moi-même d'être enthousiaste, car je pense l'être aussi fondamentalement mais je serais sans doute moins « portée ». J'irais peut-être moins loin.

J'aurais du mal à travailler avec un manager peu enthousiaste. Le manager enthousiaste t'aide à vivre à fond ce que tu vis, à te surpasser. Il est dans l'empathie, dans le relationnel, dans la recherche du bien-être de l'autre, il ne cherche pas à se servir des autres, il travaille avec son équipe et pour son équipe.

Les périodes où je n'ai pas été enthousiaste sont celles dans une autre entreprise où mon manager était très directif. J'avais plus l'impression d'être traquée, contrôlée. On me disait ce que je devais faire, point, sans discussion.

Avec un manager enthousiaste, on travaille en miroir et en synergie. On s'épaule, on se porte, on se nourrit mutuellement de l'enthousiasme de l'autre. C'est la configuration idéale que je vis aujourd'hui, il y a de l'émulation ! Mon manager actuel sait que l'on fera du bon travail ensemble.

On pourrait avoir :

– un collaborateur neutre et un manager neutre... bof !
– mais aussi : un manager enthousiaste et un collaborateur neutre auquel le manager essaiera de transmettre de son entrain,
– ou encore, un manager neutre et un collaborateur enthousiaste (pas facile à vivre, on se sent brimé).

• *L'enthousiasme est donc un peu inné ?*

En partie oui ! Sûrement ! Un manager non enthousiaste ne peut le devenir sauf si son N+1 l'est vraiment !

• *Cela a-t-il été un atout pour toi lors d'un recrutement ?*

Oui !

• *Si l'on prend du recul, la génération Y dont tu fais partie est-elle plus enthousiaste que d'autres ?*

Non je ne crois pas, pas plus que les autres... Notre génération se laisse mener peut être plus. Il y a aussi le fait que l'entreprise ne nous demande pas toujours d'être créatif. Pourtant on sait l'être. Il me semble que notre créativité n'est pas exploitée.

• *L'enthousiasme peut-il être mal perçu ?*

Parfois. Il ne faut pas confondre enthousiasme et impulsivité. L'enthousiasme, c'est être enclin à faire des choses, être dynamique de manière réfléchie. L'impulsivité est associée à un peu de déraison.

Dans les deux cas, c'est du dynamisme mais l'impulsivité a besoin d'être contrôlée. On peut partir dans tous les sens. On dit parfois de moi « reste enthousiasme, sois moins impulsive ! » J'y travaille. Être plus structurée, réfléchir plus, agir moins vite.

Mais avant tout, l'enthousiasme libère la créativité, cela rallie à la cause. Les personnes neutres, celles peu enthousiastes de nature, iront vers les enthousiastes.

L'enthousiasme ne doit pas faire peur car il doit être dosé.

Parfois le management par enthousiasme peut aussi faire peur. Il peut être vécu comme un manque de rigueur, un management « peu sérieux ».

- *Ta manager arrive-t-elle à t'enthousiasmer sur un sujet qui, sur le fond, ne t'enthousiasme pas vraiment ?*

On ne peut pas être enthousiaste pour tout. L'enthousiasme est sélectif, heureusement, sinon cela ne serait pas crédible. L'enthousiasme est associé à une idée, un projet.

C'est plus difficile. Parfois, j'ai été très en retrait sur des sujets ; mais elle arrive à me démontrer les avantages. Je ne suis pas convaincue mais son enthousiasme est le plus fort, elle réussit à me mettre dans l'action. Elle peut être obligée parfois de pointer les conséquences pour moi si je ne le fais pas.

- *Qu'est ce qui peut brimer l'enthousiasme d'un collaborateur ?*

L'autorité brute ! Le pessimisme ! Deux facteurs qui font ralentir l'entreprise.

L'autorité hiérarchique appliquée sans enthousiasme, ce n'est pas possible ! Cela ne permet pas la performance collective. Certains managers ne se posent pas de questions. Ils fonctionnent uniquement pour la reconnaissance de leurs propres responsables.

Mon manager, elle, recherche des résultats bien sûr comme on lui a demandé mais elle vise aussi la satisfaction des membres de son équipe, l'épanouissement de chacun. D'autres vont plutôt fonctionner de manière directive « je veux cela tout de suite » sans expliquer, sans donner du sens.

L'autorité existe toujours mais l'enthousiasme ajoute un rapport affectif. Un manager enthousiaste peut être mal perçu si son management ne fonctionne qu'en pouvoir d'autorité.

- *Demain si tu deviens manager…*

Je serai résolument enthousiaste. D'abord dans mon métier, c'est indispensable, ensuite c'est ma nature et j'aurai envie de le transmettre pour donner envie aux membres de mon équipe. Je saurai m'adapter à chacun.

Mais avant tout, il ne faut pas se tromper : le management par l'enthousiasme n'est qu'un moteur. C'est un outil, pas une finalité. C'est avant tout un moyen de communication, de relation qui te fait avancer et fait avancer ton équipe et la fait réussir.

Messages clés

– L'autorité hiérarchique sans enthousiasme, ce n'est tout simplement pas possible !
– L'enthousiasme est lié à l'action, c'est créatif et cela fait avancer. Un manager enthousiasme aide ainsi chacun à se dépasser.
– Il ne faut pas confondre enthousiasme et impulsivité, l'enthousiasme, c'est être dynamique de manière réfléchie.
– Les forces du manager enthousiaste :
  - un inébranlable optimisme et une attitude toujours positive,
  - la capacité à créer un climat de travail propice à l'engagement de chacun,
  - une très grande proximité avec son équipe,
  - une très grande attention portée aux hommes et femmes de l'équipe pour assurer à chacun des tâches et des missions qui lui apporteront épanouissement personnel et lui donneront envie d'aller plus loin,
  - une capacité à convaincre de la valeur d'une idée.
– Les attentes du managé enthousiaste de la génération Y :
  - un manager qui lui permet de « se donner à fond », qui donne du sens à son action, le considère personnellement, sait exprimer sa reconnaissance et libère la créativité,
  - une ambiance d'équipe collective où on se porte, s'épaule, se nourrit de l'enthousiasme des autres,
– La puissance du management par l'enthousiasme repose sur la capacité du manager à actionner et accélérer de façon ciblée et coordonnée les moteurs personnels de chaque membre de l'équipe et réussir, ce faisant, à accroître de façon fantastique la performance collective.

Pierre, lycéen, génération Y

« Je ne veux pas m'ennuyer, avoir des comptes à rendre, oui, mais travailler comme je veux. J'ai également besoin de sentir que mon employeur cherche véritablement à construire quelque chose, que son seul but n'est pas de s'enrichir mais que l'entreprise participe à un projet plus vaste. »

- *Qu'est-ce que l'enthousiasme dans l'enseignement pour toi ?*

Je ne connais pas le monde de l'entreprise étant lycéen. Cependant, j'estime que le travail d'un professeur est de manager son entreprise : une classe, son auditoire, dans le but d'obtenir les meilleurs résultats pour chaque élève et le meilleur niveau final de l'ensemble de la classe. Dans cette mission, il rencontre des difficultés, des échecs parfois, mais également des réussites.

L'enthousiasme est pour moi le fait d'être habité par une idée, un but et une volonté. C'est d'aller plus loin que n'importe qui pour arriver à son but, faire toujours plus pour obtenir plus de résultats. Pour un professeur, il s'agit de se battre pour imaginer et mettre en place des méthodes nouvelles et des procédés qui vont amener les élèves à progresser et à élever leur niveau dans la matière qu'il enseigne. Il s'agit d'une véritable envie d'emmener les élèves plus loin, de leur transmettre sa passion.

- *As-tu rencontré des professeurs enthousiastes ? À quoi les reconnaît-on ?*

Un professeur enthousiaste malheureusement ne se rencontre que rarement. Néanmoins, ils existent : ce sont généralement les jeunes professeurs et ceux que les élèves qualifient de « bons profs ». Ce type de professeur se reconnaît facilement aux paroles des élèves à son égard. Il suffit de savoir s'ils ont envie ou non d'aller dans le cours de ce professeur. L'élève n'a pas le choix, il doit aller en cours, mais il y a une grande différence entre « aller en cours » et « vouloir aller en cours » ; quand « on va en cours », on note le cours sans s'y intéresser mais quand « on a envie d'y aller », on y va pour participer et apprendre, on y est actif, on ne reste pas végétatif en classe.

Beaucoup d'élèves vont en cours sans les aimer, ce qui peut les amener à ne pas s'y rendre. Le professeur enthousiaste en a conscience et surtout ne fait pas l'autruche : il ne souhaite pas que les élèves viennent à son cours par simple obligation ou résignation. Il veut donner envie aux élèves de venir dans sa classe, leur donner envie d'apprendre sa matière, les emmener plus loin qu'ils ne pensent pouvoir aller ; pour cela, le professeur mettra en place des initiatives et des méthodes de travail qui attireront l'attention des élèves en classe et les boosteront dans leur travail.

- *Que fait-il de particulier pour donner envie aux élèves d'apprendre et de progresser ?*

Une des grandes différences entre un professeur enthousiaste et un professeur lambda, c'est la relation qu'il entretient avec ses élèves : elle n'est pas amicale mais n'est ni froide, ni distante. Le professeur enthousiaste ne peut pas être la grande figure que l'on voit assise à son bureau, qui ne se lève pas et qui ne connaît que très vaguement ses élèves.

Le professeur enthousiaste a du recul sur lui-même, est prêt à se remettre en question si nécessaire. Il construit une relation de confiance entre ses élèves et lui. Cette relation de confiance s'appuie sur l'accord préalable qu'ont les élèves sur leur but : progresser. Cela signifie que, même si le professeur est le plus enthousiaste possible, si son auditoire n'est pas réceptif, il ne pourra pas mettre en place son projet. Il doit donc attirer les élèves vers son projet, les convaincre de leur intérêt à travailler pour apprendre.

Le professeur enthousiaste est donc très reconnaissable parce qu'il compte sur l'attention des élèves ; il fait tout pour l'obtenir et la garder. Il peut le faire par plusieurs moyens : directifs et forcés (de nombreux devoirs) ou non (lectures facultatives, devoirs supplémentaires optionnels). En fait, forcés ou non, les élèves font ce que le professeur demande ou suggère. Ce professeur peut par exemple faire participer très souvent les élèves pour qu'ils deviennent acteurs de leurs apprentissages. Mais ce professeur va surtout avoir confiance en ses élèves et leur montrer. Et même si ces derniers trahissent cette confiance donnée, le professeur enthousiaste ne renoncera pas, il donnera une seconde chance, une troisième chance, redonnera sa confiance et continuera à espérer faire grandir ses élèves au travers de ses méthodes. Il n'attend pas de reconnaissance de la part de ses élèves, la satisfaction personnelle, il l'a lui-même au travers des succès des élèves qu'il a réussi à entraîner.

- *As-tu apprécié ce type de professeur ?*

Bien sûr. Comment voulez vous faire progresser des élèves sans qu'ils aient envie de le faire ? Les élèves sentent que le professeur enthousiaste agit pour eux, qu'il souhaite sincèrement les voir progresser, il leur transmet son amour de la matière et ils sentent la sincérité de sa confiance. Aussi, cette confiance combinée à la volonté de progresser amène les élèves à travailler plus, non pas par obligation mais par envie.

Enfin, parce qu'ils sentent que le professeur agit vraiment pour eux, qu'il leur fait vraiment confiance alors que d'autres ne s'intéressent absolument pas à leurs résultats, même les élèves les plus réticents à apprendre ont un minimum de scrupule à ne pas le suivre.

• *Qu'apporte plus particulièrement l'enthousiasme dans l'enseignement ?*

L'enthousiasme est sûrement loin d'être une méthode facile autant pour les élèves que pour le professeur mais ses aboutissants sont beaucoup plus précieux non pas sur le côté scolaire de la matière mais plutôt sur les valeurs morales des élèves et sur leurs méthodes de travail. Ce n'est pas facile pour le professeur car il doit sans cesse se remettre en question face aux élèves et à leurs attentes différentes, sans cesse leur proposer de nouvelles choses pour maintenir leur attention. Ce n'est pas facile pour les élèves car on leur demande parfois des exercices difficiles ou qui exigent de prendre des risques et de s'exposer aux moqueries des autres. Je pense par exemple à un exercice d'expression imaginé par mon professeur d'anglais : « Levez-vous et dites ce que vous pensez de vous-mêmes ». L'idée était de déclencher de vrais échanges, d'apprendre à se présenter et à se connaître…

Sur les valeurs morales que cela apprend, je pense à la confiance en soi et dans les autres, au respect d'un contrat moral face au professeur, l'engagement de donner son maximum pour progresser. Cela apprend également à oser aller plus loin, à réfléchir différemment.

• *Tous les élèves sont-ils aussi réceptifs ?*

Si tous les élèves finissent par suivre le professeur au moins par scrupule, il faut avoir conscience que l'enthousiasme n'est pas forcément accueilli à bras ouverts. Sa réception est souvent extrême : soit très positive, soit très négative. La plupart des élèves séduits par le professeur vont essayer de convaincre les autres de suivre mais ce n'est pas évident. Les élèves résistants au début peuvent être attirés par cette méthode au cours du temps pour diverses raisons, mais ce sont principalement les bons résultats obtenus par la méthode qui attirent.

• *Dans ta vie professionnelle future, penses-tu que tu seras enthousiaste ?*

Comme je le disais, c'est difficile car cela exige d'accepter de prendre des risques, de s'exposer aux autres. Mais reproduire cette façon de faire est vraiment pour moi quelque chose de fondamental car elle permet de travailler en se sentant bien, en se sentant utile, en sentant que son travail fait plaisir à d'autres. De plus, être enthousiaste, c'est aussi entraîner les autres, ne pas être seul et pouvoir construire un projet plus grand.

• *Qu'attends-tu de ta future activité professionnelle ?*

Je ne veux pas m'ennuyer ; je n'ai aucune envie d'un travail de routine de 10 heures à 18 h 30 du lundi au samedi. Cela ne m'attire absolument pas. Travailler à la Google, c'est bien : j'ai des comptes à rendre mais je travaille comme je veux, quand je veux. J'ai également besoin de sentir que mon employeur cherche véritablement à construire quelque chose, que son seul but n'est pas de s'enrichir mais que l'entreprise participe à un projet plus vaste.

Messages clés

- L'enthousiasme est le fait d'être habité par une idée, un but, une volonté. Pour un professeur, il s'agit de se battre pour amener les élèves à progresser et leur transmettre sa passion.
- Le challenge d'un professeur enthousiaste est de donner envie à ses élèves d'aller en cours, qu'ils n'appréhendent plus alors comme une contrainte.
- Un professeur enthousiaste sait se remettre en cause, repenser ses méthodes de travail pour obtenir le meilleur de ses élèves. Il sait les faire participer, les rendre acteurs. Cela implique un contrat tacite qui lie le professeur et ses élèves : chaque partie donne son maximum pour progresser ensemble.
- Le professeur tire son enthousiasme de sa passion pour sa matière et pour l'enseignement lui-même. Il n'attend pas de reconnaissance de ses élèves, sa satisfaction personnelle provient des succès constatés.
- Le succès du professeur enthousiaste mesuré à la réussite de ses élèves repose sur deux facteurs majeurs :
  - L'instauration d'une relation de confiance, sincère et réciproque : les élèves doivent sentir que le professeur s'intéresse véritablement à eux et non juste aux résultats finaux.
  - L'envie : celle des élèves mais aussi du professeur qui booste celle des élèves.

☞

☞

- L'enthousiasme fait apprendre les valeurs morales : confiance en soi et dans les autres, respect d'un ordre moral face au professeur, engagement de donner le maximum pour progresser. Cela apprend aussi à oser aller plus loin, à réfléchir différemment.
- L'enthousiasme donne du sens au métier : on se sent utile, le travail fourni fait plaisir aux autres. L'enthousiasme permet aussi d'entraîner les autres, de ne pas être seul et de pouvoir s'engager dans de plus grands projets.

Étienne Lefur, professeur agrégé de Génie mécanique à l'université Paris-Sud

> « En espérant que ces éléments vous permettront de mieux apprécier le bien fondé de ma candidature et de mesurer mon engagement dans ce métier que j'exerce avec toujours le même enthousiasme. »

Il y a quelques années, c'est en ces termes que je terminais ma lettre de candidature à une promotion dans la fonction publique auprès du directeur de l'établissement d'enseignement supérieur dans lequel j'enseignais depuis 20 ans.

Certes, l'exercice était un peu artificiel car chacun sait que les promotions de ce type sont encore essentiellement fonction de l'ancienneté. Mais c'était un passage obligé, auquel je me suis volontiers soumis et qui m'a permis de prendre un peu de recul sur la manière dont je vivais mon métier. Comme je le constate aujourd'hui, placé au bout de la dernière phrase, le mot « enthousiasme » était censé résumer à lui seul mon état d'esprit et à s'opposer, d'une certaine manière, à l'idée générale que l'on se fait de l'enseignant quelque peu aigri par le train-train annuel qui se répète entre deux rentrées. Il y avait aussi le mot « engagement ». Pour exercer certains métiers comme la médecine ou l'enseignement, un engagement personnel vis-à-vis des autres est indispensable.

Pour mieux comprendre mon propos, il faut préciser que j'ai toujours enseigné dans des établissements d'enseignement supérieur avec un statut de professeur agrégé détaché de l'enseignement secondaire et mis à disposition du supérieur. Il s'agit d'une mission d'enseignement à plein-temps, sans activité de recherche. C'est un statut un peu particulier qui me convient parfaitement. À la différence de mes collègues enseignants-chercheurs qui manifestent généralement leur enthousiasme dans leur activité de recherche, c'est dans mon métier d'enseignant, au sens large, que je trouve les satisfactions dont j'ai besoin : en faisant cours tout simplement, en préparant une nouvelle séance de travaux pratiques mais aussi en accompagnant une équipe d'étudiants dans un projet innovant, en réfléchissant à l'évolution d'un programme, en organisant un voyage d'études à l'étranger, en favorisant l'insertion professionnelle des jeunes, en suivant des élèves pendant leur premier stage en entreprise, etc.

Mais il ne faut pas se le cacher, il y a aussi le revers de la médaille et les activités qu'on éviterait volontiers : les corrections de copies, les jurys qui décident du destin d'un jeune, les réunions pédagogiques qui n'en finissent pas ou les évaluations biaisées par un cadre réglementaire frileux. Je ne parlerai pas du manque de moyens qui est parfois criant et qui finit par lasser certains d'entre nous. De mon côté, j'ai eu la chance d'exercer dans des établissements qui avaient des moyens suffisants et j'admire l'imagination débordante et l'enthousiasme de certains collègues d'autres établissements moins bien dotés, qui arrivent à monter une séquence d'enseignement à partir d'un support aussi anodin qu'un bâton de colle.

Quels sont les synonymes que j'associe à la forme d'enthousiasme qui me correspond ? L'admiration, l'entrain, l'engouement, la passion, tout cela pouvant déboucher jusqu'à une certaine forme d'excitation, voire de fougue. Je ne suis pas pour autant dans l'allégresse, le délire, le fanatisme, l'exaltation ou la frénésie. Ce sont des formes d'enthousiasme qui ne me conviennent pas et que je n'associe pas au métier d'enseignant.

On a tous connu des enseignants enthousiastes et d'autres qui l'étaient beaucoup moins. On se souvient des enthousiastes. Ils nous ont généralement marqués à vie en nous apportant bien plus que des connaissances. Ils nous ont transmis un savoir-être, des valeurs et… leur enthousiasme. J'ai eu la chance d'avoir des parents enseignants et enthousiastes. Ce sont eux qui m'ont communiqué leur amour du métier et m'ont donné envie d'en faire le mien. Malheureusement, trente ans après, je montre peu d'enthousiasme à convaincre mes enfants de suivre cette voie. Mais il s'agit là d'un autre débat.

« Et là, c'est le miracle des mathématiques ! »

Au moment clé d'une démonstration, en plein milieu d'une séance de travaux dirigés, j'ai eu un professeur rayonnant qui nous réveillait par son enthousiasme et cette phrase magique qu'il prononçait avec force et malice. Alors que j'étais « apprenti-prof », j'ai compris à cette occasion que l'enseignant devait se rapprocher de Molière. L'enseignant doit jouer la comédie. À l'image d'un comédien de théâtre qui exagère son personnage, l'enseignant doit extérioriser son enthousiasme pour captiver et motiver son auditoire. Les jeunes n'apprennent plus par raison. Ils n'apprennent que s'ils sont motivés. Avec la multiplication des médias, des jeux vidéo et des réseaux sociaux, la tâche est rude ! Pourtant l'enthousiasme d'un enseignant bénéficie souvent d'une certaine indulgence de la part de ses élèves. L'excès d'enthousiasme est un peu ridicule mais, bizarrement, ce ridicule ne tue pas ! Après l'expression marquée de mon enthousiasme pour un phénomène singulier, pour un raisonnement astucieux, pour un comportement généralisable, il m'est arrivé de lire sur la figure de mes élèves un sourire mi-condescendant, mi-reconnaissant. C'est cette reconnaissance d'avoir essayé de les apostropher que je retiens et qui me donne l'énergie de continuer, de poursuivre et de recommencer. Dans ce métier, il faut se nourrir de cette reconnaissance discrète ; les applaudissements sont rares, nous ne sommes pas des artistes.

Il arrive parfois dans une carrière de recevoir un témoignage de gratitude d'un élève de nombreuses années après avoir été dans la même salle de cours. On est alors généralement surpris d'apprendre à quel point nous avons influencé son comportement, voire sa vie.

Que ce soit dans sa discipline ou dans sa relation à l'autre, l'enseignant doit se renouveler. Il retrouvera ainsi l'envie d'apprendre, activité qu'il affectionne particulièrement. Ne dit-on pas que les enseignants étaient généralement de bons élèves ? En se lançant de nouveaux défis, il retrouvera aussi l'émerveillement de la découverte, de la recherche et de la réussite. L'émerveillement est une forme noble de l'enthousiasme. Il m'est souvent arrivé de retrouver la motivation, et l'enthousiasme qui l'accompagne, en créant un nouveau cours, en remaniant profondément un document de présentation orale qui n'avait pas beaucoup évolué, en rédigeant enfin un polycopié, en écrivant un article pour une revue spécialisée,… bref, en retrouvant le plaisir du contenu et de sa transmission. Transmission, qui ne peut se faire avec enthousiasme, que si elle est « gratuite » comme un don ou un partage de connaissance et d'expérience. La générosité est aussi une forme noble de l'enthousiasme.

À l'intérieur du cadre plus ou moins contraignant des programmes, l'enseignant bénéficie d'une très grande liberté d'expression de ses talents. N'est-ce pas formidable de pouvoir innover dans une démarche pédagogique, de pouvoir trouver de nouveaux exemples d'illustration de ses propos, de nouveaux supports d'application de la théorie ? Il s'agit là d'un enthousiasme à long terme.

La fonction d'enseignement s'exerce encore majoritairement dans une salle de cours entre un professeur et ses élèves pour une durée limitée mais parfois longue au regard de la concentration qu'elle nécessite de la part de l'apprenant. C'est alors que le professeur doit faire preuve d'enthousiasme à court terme pour relancer l'attention indispensable à l'apprentissage. Certains enseignants, plutôt les hommes, vont user de remarques humoristiques. À condition qu'elles ne soient pas ironiques ou caustiques, l'effet de diversion est souvent positif. D'autres enseignants, plutôt les femmes, feront appel à leur fibre maternelle en rassurant les élèves par des mots d'encouragement ou en montrant que ce n'est pas si difficile. Dans tous les cas, la stimulation de l'élève sera nécessaire, par un questionnement, par une analogie avec la vie courante, par une mise en relief, par un rappel historique ou une anecdote. Cette relation directe entre l'enseignant et l'élève, par la présence de ces deux acteurs dans une même salle, me semble indispensable. Ce n'est pas le cas du *e-learning* ou des MOOC (Massive Open Online Course). Dans les années à venir, comment l'enthousiasme passera par le filtre de ces nouvelles techniques ? Nous n'avons pas encore la réponse mais il est fort probable qu'à la lecture de ces lignes, on comprenne qu'il manquera toujours à ces techniques la dimension humaine de l'apprentissage.

Après de nombreuses années d'enseignement, il n'est pas facile de conserver l'enthousiasme pour ce métier de plus en plus dévalorisé. Au-delà de la discipline enseignée, nous avons heureusement la chance de suivre nos élèves suffisamment longtemps, généralement une année, pour s'y attacher. C'est un élément positif que l'on ne retrouve que dans tous les métiers orientés vers les autres.

Pour conclure, je dirai que l'enthousiasme est l'expression de la passion de l'enseignant pour sa discipline et pour ses élèves. C'est ce qui donne du sens à leur rôle respectif.

Messages clés

– L'enthousiasme est l'expression de la passion de l'enseignant pour sa discipline et pour ses élèves. C'est ce qui donne du sens à leur rôle respectif.

– Quels sont les synonymes à la forme d'enthousiasme qui me correspond ? L'admiration, l'entrain, l'engouement, la passion, tout cela pouvant déboucher jusqu'à une certaine forme d'excitation, voire de fougue.

– On a tous connu des enseignants enthousiastes et d'autres qui l'étaient beaucoup moins. On se souvient des enthousiastes. Ils nous ont transmis un savoir-être, des valeurs et… leur enthousiasme.

☞

☞
– Les jeunes n'apprennent plus par raison. Ils n'apprennent que s'ils sont motivés. Avec la multiplication des médias, des jeux vidéo et des réseaux sociaux, la tâche est rude !
– On est surpris d'apprendre à quel point nous avons influencé le comportement d'un élève, voire sa vie !
– L'émerveillement et la générosité sont des formes nobles de l'enthousiasme.

Antoine Sadoux, colonel dans l'armée de l'air, commandant du groupement des formations initiales d'officiers

« Bien plus qu'une humeur positive, l'enthousiasme est une motivation profonde sur le long terme alimentée par le sentiment d'agir collectivement pour une cause commune au moyen de mode d'actions qui procurent un sentiment d'accomplissement personnel. »

• *Qu'est-ce que l'enthousiasme pour vous ?*

L'enthousiasme dans le travail est bien plus qu'une humeur positive variable dans le temps par définition, c'est une motivation profonde sur le long terme alimentée par le sentiment d'agir collectivement pour une cause commune, au moyen de modes d'actions qui procurent un sentiment d'accomplissement personnel. Dans l'armée de l'air (AA), l'enthousiasme de l'aviateur est intimement lié à sa passion pour l'aéronautique et la technique. L'enthousiasme est un moteur psychologique qui permet de stimuler l'engagement dans le travail vers un ou des objectifs dont l'individu sait qu'il en tirera personnellement une satisfaction.

• *Une expérience personnelle significative d'enthousiasme ?*

Novembre 1998, je sors d'une période de formation exigeante suivie de plusieurs semaines de faible activité aérienne. Je suis tout juste « chef de bord », c'est-à-dire apte à diriger un équipage de transport sur les missions aériennes tactiques ou logistiques les plus simples. Une alerte est déclenchée suite aux ravages causés par le cyclone Mitch en Amérique centrale : il faut décoller et rejoindre le plus rapidement possible le Nicaragua où 1 à 2 missions quotidiennes nous attendent à destination de terrains isolés, souvent sommaires de la région. Je suis choisi en raison de ma disponibilité et de ma faible activité récente pour commander un des trois équipages qui doivent rejoindre le site avec un des trois avions de l'opération (les deux autres sont ceux pré-positionnés aux Antilles). En moins de 24 heures, nous préparons cette mission : la mise en place doit être la plus rapide avec un chargement important, nécessitant de programmer de nombreuses escales en Afrique et en Amérique du sud. Ce trajet durera plus de 30 heures avec changement d'équipage à chaque escale, les autres se reposant dans la soute.

Plusieurs paramètres déclenchent chez tout l'équipage qui restera sous les ordres d'un officier basé à Managua, un enthousiasme qui restera constant durant toute la mission :

- Le départ d'alerte, source d'excitation, vers une destination nouvelle pour tous.
- Mon équipage est très jeune, la moyenne d'âge est d'environ 25 ans, la confiance accordée par nos supérieurs et l'autonomie accordée sont vécus comme un aboutissement de notre formation et une source de motivation et de volonté de bien faire. Je suis moi-même le plus jeune et c'est une de mes toutes premières missions en tant que commandant de bord.
- Les conditions exactes du déroulement de la mission sur place sont inconnues, il faut tout envisager. De nombreuses décisions et arbitrages, certaines aux limites de la réglementation, sont nécessaires au long du séjour dont la durée est inconnue (nous resterons finalement trois semaines).
- L'absence de doute sur l'utilité de la mission pour les populations sinistrées, qui se confirmera à chaque vol.
- La certitude de vivre une expérience professionnelle et humaine unique.

Au cours de cette mission, l'enthousiasme était partagé par presque toute l'équipe (environ une cinquantaine de personnes), ce qui a permis d'accomplir des missions dans des conditions difficiles.

La gestion du stress a par ailleurs été facilitée par l'état d'esprit qui régnait dans l'équipage. L'enthousiasme a fait véritablement oublier la fatigue et les contraintes, puisque ce n'est qu'une fois de retour en France que nous avons tous perçu l'énergie que nous avions dépensée dans notre engagement.

Comme souvent en retour d'opérations, une fatigue extrême par un effet d'accumulation n'est ressentie que la semaine qui suit le retour.

- *D'où vient votre enthousiasme ?*

Mon enthousiasme vient avant tout du plaisir de travailler dans une atmosphère de solidarité et de franchise, quelle que soit la difficulté de la tâche à accomplir. La fierté d'appartenir à une institution comme l'AA intervient également dans ma motivation et mon état d'esprit au travail. La passion du vol est un facteur primordial qui, lorsqu'il viendra à être remis en cause, pourra diminuer grandement mon enthousiasme. Le fait d'avoir réussi, avec une grande part de chance, un parcours que je souhaitais et pour lequel je me suis investi (formation difficile) nourrit cet enthousiasme. Il m'arrive régulièrement de penser à ma situation si j'avais connu l'échec et si je n'avais pu poursuivre dans cette voie, ça renforce mon enthousiasme et le sentiment de satisfaction personnelle.

- *Qui vous l'a communiqué ?*

L'esprit de l'aviateur au sein de l'AA se transmet dès l'école, en particulier à travers les activités de tradition et d'effort collectif, mais aussi à travers l'apprentissage : au cours de la formation, un « parrain » est particulièrement chargé de transmettre cet enthousiasme au cours des phases de formation initiale. Son rôle est primordial pour insuffler au jeune futur leader un esprit positif et une forte motivation. Mon enthousiasme vient également des leaders que j'apprécie et qui savent souder un groupe et lui fixer des objectifs communs, ayant le souci de la satisfaction collective comme individuelle.

- *Comment se traduit-il ?*

Il se traduit par une aisance relationnelle, un sentiment fort d'appartenance et de solidarité qui atténue les frictions potentielles. L'expression « frères d'armes » a tout son sens dans un groupe où l'enthousiasme est partagé. Il se traduit par une forte capacité de travail (parfois au détriment de la famille et de la vie privée…) et par une plus grande tolérance à la fatigue physique ou intellectuelle. L'enthousiasme aide à faire preuve de plus de discernement et d'optimisme dans la gestion des crises. Enfin, l'enthousiasme dissipe les doutes sur l'utilité et le sens du travail à accomplir, ce qui rend l'investissement personnel plus efficace.

- *Comment le transmettez-vous à vos équipes ?*

Je ne me suis jamais posé la question de savoir comment j'allais me comporter pour transmettre mon enthousiasme, la meilleure façon étant de rester soi-même : surtout ne pas « sur-jouer » un rôle de leader en feignant une froideur ou une indifférence à toute satisfaction personnelle ; à l'inverse, il faut éviter de faire preuve d'un optimisme excessif.

L'enthousiasme dans l'AA étant pour moi très lié à l'esprit de solidarité, je cherche à rencontrer mes subordonnés dans leur propre cadre de travail (atelier, bureau, secrétariat...) pour mieux les connaître. Je déjeune régulièrement avec eux. Je peux transmettre mon enthousiasme aux plus jeunes en évoquant mes missions passées qui sont celles auxquelles souvent ils aspirent. L'exemplarité est également un impératif pour espérer transmettre un enthousiasme. Il est essentiel de se montrer passionné par son travail, d'être prêt à fournir l'effort que l'on exige de ses subordonnés et de cacher ses doutes sur l'institution ou sur certains chefs. Finalement, l'enthousiasme est derrière toutes les qualités recherchées chez les aviateurs et plus généralement chez les militaires.

Considérant que dans l'Armée de l'Air, le vol et l'avion sont des vecteurs d'enthousiasme particulièrement efficaces, je m'efforce de rapprocher ceux qui travaillent loin de l'action du pilote en leur proposant des vols ou des rencontres sur le terrain avec les équipages. Je favorise des transmissions d'expériences opérationnelles vers les plus jeunes et vers ceux qui travaillent pour soutenir ces missions sans y participer directement.

- *Comment est-il perçu ? Toutes les équipes ou individus sont-ils aussi réceptifs ?*

Ceux qui sont comme moi entrés dans l'Armée de l'air avec une motivation similaire sont les plus réceptifs. Certains peuvent douter parfois et l'exemple d'un supérieur enthousiaste et positif (le pessimisme est proscrit dans les discussions avec mes subordonnés) peut les aider à rebondir.

Chez d'autres individus, mon enthousiasme peut au contraire être mal perçu s'il est trop maladroitement exprimé : adhésion trop forte à l'institution ou excès d'optimisme qui peuvent être le signe d'une ambition personnelle, voire d'une forme d'arrivisme chez certains leaders qui pensent plus à l'image qu'ils donnent d'eux-mêmes à leurs supérieurs qu'à l'exemple qu'ils donnent à leurs subordonnés. L'enthousiasme peut aussi être interprété comme une mauvaise prise de conscience des difficultés rencontrées par chacun dans sa mission ; il peut même, dans certains cas être provocateur chez des individus ayant perdu toute motivation pour des raisons parfois indépendantes de leur volonté (soucis de santé, problèmes personnels graves, accidents de parcours...). L'enthousiasme doit donc apparaître avec mesure, il n'est d'ailleurs pas le meilleur moyen de motiver certains individus vers qui il est vain de vouloir le transmettre. Il peut ainsi m'arriver de « tempérer » mon enthousiasme apparent au contact de subordonnés en perte de motivation ou confrontés à de graves problèmes personnels pour éviter une trop grande distance qui ne les aiderait pas à retrouver une adhésion dans le travail.

- *Que vous a-t-il permis de faire ? Auriez-vous réussi sans lui ?*

L'enthousiasme m'a permis de faire accomplir à mes équipages et mécaniciens, en Afghanistan par exemple, des missions dans des conditions de fatigue extrêmes sans atteindre la rupture, en trouvant un équilibre entre travail et moments de détente collectifs. Je me souviens avoir instauré avec un autre chef de détachement sur le site où stationnaient environ 250 personnes de tous métiers (cuisiniers, chauffeurs, pilotes, secrétaires, spécialistes des systèmes informatiques etc.) un exposé régulier de la part des pilotes rentrant de missions particulières pour faire en sorte que l'enthousiasme de ces derniers soit partagé par tous.

Ce genre d'initiative permet de repousser certaines limites chez un grand nombre d'individus qui appréhendent ainsi mieux le sens de leur travail. Au cours d'une opération aérienne, au départ d'une base aérienne, l'enthousiasme des équipages, acteurs qui accomplissent la dernière phase de la mission, s'il est transmis à tous, permet de fédérer les énergies et d'atteindre une meilleure efficacité collective.

En général, l'ensemble de la chaîne de commandement dans les opérations ne manifeste pas forcément un enthousiasme apparent, mais les acteurs de terrains ne peuvent espérer le soutien total des services s'ils ne montrent pas leur enthousiasme et leur professionnalisme.

Plus tard dans ma carrière, à la tête d'une unité de formation ou bon nombre d'instructeurs manquaient singulièrement d'enthousiasme, j'ai pu, grâce à mon propre enthousiasme, continuer à motiver la plupart de mes subordonnés et préparer la modernisation de l'unité (arrivée de nouveaux appareils et rénovation de la formation). Mais cet enthousiasme n'a pas suffi à mobiliser certains individus pour qui l'institution n'offrait pas de véritable débouché de progression et d'épanouissement. Pour ceux-là, seul leur amour-propre et leur goût pour le travail bien fait permettent d'accomplir les missions, l'enthousiasme de leur chef leur est étranger, inutile dans ce cas de chercher à leur transmettre.

- *Que vous a-t-il empêché de faire ?*

Mon enthousiasme dans mon travail m'a jusqu'ici empêché d'envisager sérieusement un changement radical dans ma vie professionnelle : il procure un certain confort et une facilité qui peuvent limiter la faculté à prendre des risques en changeant de situation pour un cadre où l'enthousiasme n'est pas garanti.

En tant que subordonné, l'enthousiasme excessif peut être paradoxalement une source de frustration s'il n'est pas partagé ou s'il est basé sur une appréciation erronée de la réalité. L'enthousiasme chez les jeunes en particulier peut être la cause d'un manque de discernement et de modération dans l'accomplissement d'une mission. J'ai ainsi voulu à tout prix poursuivre une mission lors d'un exercice par enthousiasme excessif, faisant prendre des risques injustifiés à mon équipe. Mon enthousiasme m'a privé d'une décision sage qui aurait pu éviter un incident aérien.

- *Et si c'était à refaire, feriez-vous différemment : quelle philosophie de vie en tirer ?*

Lorsque l'on ressent un fort enthousiasme au cœur d'une action et que cet enthousiasme est partagé par l'équipe avec qui on travaille, il faut savoir, en tant que leader, prendre le recul nécessaire pour ne pas se laisser aveugler par cet élan positif. Le manque d'enthousiasme est néfaste dans une équipe, mais l'excès d'enthousiasme peut également produire des effets négatifs. Lorsque je prends la tête d'une nouvelle équipe, je ne manifeste en général pas immédiatement mon enthousiasme, j'attends de connaître le degré d'enthousiasme chez mes subordonnés pour savoir si je dois le tempérer ou au contraire l'encourager.

- *Quelle est l'importance du rôle de l'enthousiasme dans la vie des affaires, selon vous ?*

Je ne connais pas bien la vie des affaires : vu de la situation d'un militaire pour lequel la notion de profit n'existe pas, je peux penser que la seule recherche de profit peut susciter un enthousiasme chez les individus.

Mais il s'agit d'un enthousiasme individuel dans ce cas. Pour qu'il y ait un enthousiasme collectif, il faut cultiver un esprit d'entreprise et une solidarité au sein des groupes qui dépassent la seule recherche de profit même si, au final, l'efficacité des individus et donc de l'entreprise génèrent plus de bénéfices.

Cet enthousiasme est comparable à celui qui existe au sein des armées, même s'il provient de motivations personnelles différentes.

Messages clés

- Bien plus qu'une humeur positive, l'enthousiasme est une motivation profonde sur le long terme alimentée par le sentiment d'agir collectivement pour une cause commune au moyen de mode d'actions qui procurent un sentiment d'accomplissement personnel.
- L'enthousiasme de l'aviateur est intimement lié à sa passion pour l'aéronautique.
- L'urgence de la mission, l'inconnu, le défi, la fierté du métier et la certitude de vivre une expérience professionnelle et humaine unique sont autant de sources d'enthousiasme.
- L'enthousiasme réduit les effets négatifs du stress, renforce l'efficacité de l'engagement personnel et la capacité de travail et permet de relever des défis difficiles. Il dissipe les doutes sur l'utilité et le sens du travail à accomplir.
- Le cadre des études est un terrain propice et incontournable pour insuffler et développer l'enthousiasme. À l'école de l'Air, un parrain est plus particulièrement chargé de transmettre cet enthousiasme autour de valeurs communes d'engagement individuel et collectif, de goût de l'effort, d'esprit d'équipe et de « fraternité d'armes ».
- Mon enthousiasme vient des leaders que j'apprécie et qui savent souder un groupe et lui fixer des objectifs communs, ayant le souci de la satisfaction collective comme individuelle.
- La transmission de l'enthousiasme passe par des relations humaines authentiques et une très grande exemplarité. Le manager enthousiaste doit se montrer passionné par son travail, prêt à fournir l'effort qu'il exige de ses collaborateurs et cacher ses doutes éventuels.
- Un excès d'enthousiasme peut néanmoins conduire à des décisions risquées. Un manager doit savoir adapter l'expression de son enthousiasme au contexte.
- Enfin, l'enthousiasme peut être frustrant quand il n'est pas partagé ou canalisé.

Jean-Pierre Bajon, ancien artisan et patron boucher

« Mon rêve, c'est de revenir trente ans en arrière pour revivre la même vie ! »

- *Mon histoire*

Mon histoire est très simple : je fais partie des gens qui n'ont pas de diplôme ; je ne suis allé à l'école que pendant 4 ans. À quinze ans, je suis entré en apprentissage alors que mes parents auraient préféré que je continue à travailler à la ferme. Moi, les travaux agricoles ne me plaisaient pas, je voulais être boucher. Mon premier maître d'apprentissage m'a appris à travailler, mais ce n'était pas un bon maître : il n'avait pas le respect de l'homme.

J'ai ensuite eu plus de chance en rencontrant enfin un vrai maître : un enthousiaste qui souhaitait faire grandir les hommes, qui voulait toujours bien faire. Il m'a d'abord transmis des valeurs : bien faire, toujours bien faire, avoir le respect du client, ce qui passe par aimer le client, le connaître, lui donner toutes les informations. Il m'a transformé, il m'a fait aimer le métier, ne pas compter mes heures (environ quatorze heures par jour de travail !). J'aurais même voulu en faire plus encore. Je me suis fait aussi une éducation moi-même sous sa conduite, j'en suis sorti grandi. Je suis la preuve que l'on peut réussir professionnellement par la volonté et le courage. Mais il faut avoir envie de travailler et envie de réussir. J'ai eu de la chance d'avoir des pères pour me guider, d'avoir la santé pour progresser.

Par la suite, j'ai repris une petite affaire qui était en faillite ; je n'avais pas de moyens. J'ai analysé ce qui n'allait pas pour remettre l'entreprise en valeur : le respect du client et un personnel sans faille. J'étais d'abord seul puis j'ai commencé à embaucher des apprentis en cherchant à faire partager mes principes. Je cherchais des jeunes ouverts au dialogue, sachant écouter ; je n'ai pas toujours réussi mais certains, par la suite, se sont mis à leur compte avec succès.

C'était pour moi une double réussite : remettre un métier en valeur et donner du travail et de l'envie à des jeunes.

C'est ça l'enthousiasme : avoir envie d'apprendre et de donner. On a tous à apprendre, on sait peu de la vie et à l'aube de ma retraite, je ne sais toujours pas grand-chose et garde la même envie d'apprendre et de faire apprendre.

- *Comment s'est manifesté mon enthousiasme dans ma vie professionnelle, dans mon commerce ?*

En étant présent, actif, à l'écoute, manifestant ma satisfaction de voir un client heureux et plus encore un client qui vous le montre. Mon enthousiasme je le trouvais souvent à trois heures du matin avec mes collègues de Rungis : rechercher, trouver la pièce rare qui allait faire plaisir à des clients. C'était l'enthousiasme de faire plaisir ; je dormais peu mais je profitais de la joie de réussir et dans ce cas, on ne compte pas ses heures de travail.

Je n'ai pas eu une ambition démesurée : je voulais rester le « petit artisan de quartier », perfectionniste et exigeant, mais qu'on aime pour ses produits et qu'on respecte.

J'ai eu cependant des échecs personnels : ce n'est pas grave, il faut les surmonter, aller plus loin, apprendre pour progresser.

Ce que je retiens comme moteur de mon enthousiasme : la découverte du produit rare, la capacité à le transformer et pour finir le plaisir de partager le résultat avec le personnel et le client heureux.

Si c'était à refaire, je referai tout de façon identique. Je mènerai la même vie professionnelle, je continuerai à vouloir à nouveau rendre les gens heureux.

Imaginez que vous ne rencontriez que des bouchers, des charcutiers, des boulangers qui ne voudraient que vous faire plaisir et qui auraient pour ambition de vous faire découvrir le « bien manger ».

Mon métier fut riche et chaque jour, il m'a appris beaucoup. Les plaisirs de ma vie furent d'apprendre constamment, de partager, de former, de donner du plaisir à mes clients et cela dans une profession purement manuelle !

Messages clés

- Mon rêve, c'est de revenir trente ans en arrière pour revivre la même vie !
- C'est ça l'enthousiasme : « avoir envie d'apprendre et de donner ».
- J'ai appris grâce à un maître qui m'a transmis des valeurs que j'ai moi-même transmises : bien faire, toujours bien faire, cultiver le respect du client par son comportement et ses produits, ce qui passe par l'amour du client.
- La réussite, c'est montrer l'exemple, c'est donner du travail et de l'envie aux jeunes ; l'enthousiasme, c'est vouloir donner et faire apprendre, c'est faire plaisir à son personnel et à ses clients.
- Imaginez un monde où tous les artisans chercheraient à vous faire plaisir et à vous apprendre le « bien manger ».

Mélanie Delots, ingénieur des Mines

« Une expérience réussie de management par l'enthousiasme dans l'administration ».

- *Un manager « ch'ti » dans la fonction publique*

J'ai eu la chance d'accéder assez tôt à des fonctions de management dans la fonction publique.

Je suis par ailleurs issue d'une région de tradition ouvrière, le Nord-Pas-de-Calais, avec des parents employés et des grands-parents mineurs de fond eux-mêmes. J'ai ainsi d'abord connu le monde du travail par leur témoignage, évoquant les satisfactions et parfois les frustrations engendrées par les méthodes de management en usage.

À cheval entre deux mondes, avec un fort besoin d'initiative pour moi-même mais aussi le souci du collectif, sans doute ai-je développé une certaine sensibilité aux bénéfices du management par l'enthousiasme. C'est ainsi, du moins, que je qualifierais l'approche mise en œuvre dans mes expériences au sein de la fonction publique.

Ce témoignage vise à partager en toute sincérité ce qui a marché et ce qui m'a posé problème. Cette prise de recul m'a permis d'affiner une réflexion jamais définitive sur ce sujet passionnant qu'est le management.

- *Le happy management ?*

Il s'agit selon moi d'un management par la motivation et l'initiative, à l'opposé d'un management par la contrainte et le contrôle. Cette nouvelle approche du management part du principe que des collaborateurs heureux et motivés seront plus performants que des salariés à qui on dicte leurs tâches et que l'on met sous la pression d'un contrôle plus ou moins adapté.

Une littérature récente se multiplie sur cette approche, pour témoigner des expérimentations réussies dans différentes entreprises et à laquelle contribue cet ouvrage. Mais pourquoi aurait-on besoin d'un management par l'enthousiasme maintenant, alors que les méthodes plus dirigistes ont été la norme pendant toute l'ère industrielle ? Il me semble que c'est parce que le modèle du manager qui sait tout, décide de tout et contrôle tout devient de plus en plus inadapté et inefficace.

Il serait tellement plus économique en termes d'efforts et de temps de pouvoir faire confiance à l'esprit d'initiative des salariés et à leur conscience professionnelle pour que le travail soit bien fait et les clients satisfaits. Car c'est ainsi que je définirais l'enthousiasme au travail : être inspiré par la mission de l'entreprise et avoir envie d'y contribuer, prendre plaisir à réaliser des projets que l'on a initié ou choisi soi-même et ressentir une énergie naturelle permettant de dépasser les obstacles et atteindre des objectifs que l'on s'est finalement appropriés.

J'ai pu remarquer dans mon expérience récente au sein d'une grande banque que certains salariés s'investissent à titre privé avec enthousiasme dans des associations à but caritatif, sans manifester la même énergie au bureau : il ne s'agit donc pas d'un trait de caractère inhérent à la personne mais plutôt à la nature et à l'environnement du travail. Comment faire pour mobiliser les collaborateurs et développer l'enthousiasme sur le lieu de travail ? Le paragraphe suivant fournit quelques idées tirées de mes propres efforts et apprentissages dans l'un de mes postes au sein de la Commission européenne.

- *Une expérience de manager enthousiaste à la Commission européenne : la mission, défendre les industries européennes en cas de concurrence déloyale*

En 2007, j'ai rejoint pour 4 ans la direction générale au commerce. J'ai plus particulièrement été enquêteur anti-dumping pendant 2 ans, avant de piloter un programme d'amélioration des performances de la direction défense commerciale qui comptait alors 170 personnes. Il s'agit d'une direction assez opérationnelle car elle doit rendre ses décisions sous contrainte de temps (9 à 15 mois selon les enquêtes) et interagit quotidiennement avec les entreprises et leurs avocats. Les enquêtes impliquent notamment des inspections dans les entreprises européennes ou non européennes pour valider l'existence du dumping et celle du préjudice en Europe.

- *Le contexte initial : un service contesté par ses donneurs d'ordre*

En 2007, la direction anti-dumping venait de frôler une remise en cause sérieuse de ses missions ; une consultation publique, lancée par le commissaire au commerce lui-même, en vue de réformer les outils de défense commerciale, avait mis en lumière des problèmes de manque de rigueur et de cohérence dans le traitement de certaines décisions. Le personnel de la direction anti-dumping ressentait de façon latente un certain désintérêt de la direction générale pour ce métier plutôt technique, relégué dans un bâtiment séparé des autres activités et circonscrit dans une direction unique et verticale regroupant le tiers des effectifs de la direction générale.

Certains facteurs favorisaient toutefois une mobilisation par l'enthousiasme : l'isolement relatif de la direction anti-dumping l'avait conduit à développer un esprit de famille et une solidarité encore renforcée par les situations tendues affrontées lors des inspections sur le terrain par chaque binôme d'enquête. La direction s'auto-organisait pour développer des formations métier internes et des procédures adaptées à ses échéances. Le management était assez conservateur et peu délégateur mais, malgré tout, respectueux des personnes. En 2008, un nouveau directeur a pris ses fonctions. Il apportait avec lui moins de formalisme hiérarchique et l'envie de moderniser la direction, l'enjeu étant de redorer son image et d'accroître son influence tant au sein de la DG que vis-à-vis de l'extérieur.

Pour ma part, j'avais occupé en tant qu'enquêteur un poste opérationnel et expérimenté et connu une grande frustration par rapport à certains modes de fonctionnement inefficaces mais pourtant considérés comme immuables. Convaincue par une précédente expérience de management participatif au ministère de l'Industrie, j'ai vu dans le changement de direction l'opportunité de rééditer l'exercice à plus grande échelle…

- *Premières actions : un diagnostic participatif pour fixer le cap ensemble*

Le directeur avait choisi pour moderniser la direction l'approche TQM (Total Quality Management). Avec l'aide d'un facilitateur externe, 2 groupes de collaborateurs opérationnels ont été constitués au printemps 2009 pour mener un travail d'évaluation participatif, sans représentant des managers intermédiaires (chefs d'unité). Les participants désignés par leur chef d'unité étaient tous enthousiastes à l'idée de contribuer à cet exercice inédit : pour la première fois, on sollicitait leur avis afin de construire un programme de changement ! Plus de 300 propositions d'améliorations ont été rassemblées avant l'été 2009 en synthèse de ces travaux et un séminaire organisé avec les managers a permis de dégager environ 20 projets prioritaires pour la direction.

J'avais participé à ce travail d'évaluation comme simple membre et me suis portée candidate spontanément auprès du directeur pour coordonner la phase de mise en œuvre à partir de juillet 2009. Ma candidature a été acceptée et la confiance de mon directeur m'a permis de travailler pendant les 2 années suivantes à concrétiser mon envie d'améliorer les choses : de quoi renouveler mon propre enthousiasme !

J'ai tout d'abord cherché à donner un sens plus global à cette démarche en structurant les projets d'améliorations en une stratégie claire : plus de transparence lors des enquêtes, plus de cohérence dans les décisions, plus d'efficacité dans les procédures et une communication plus régulière avec les industriels sur nos actions et moyens d'intervention. J'ai également coordonné le tout premier projet qui consistait à définir clairement la mission, la vision et les valeurs partagées par la Direction, avec l'aide d'une vingtaine de volontaires. Ces éléments peuvent paraître simplistes mais ont permis de lever des ambiguïtés de longue date (par exemple : qui devons-nous considérer comme nos clients principaux ?) et de clarifier les comportements attendus de tous les collaborateurs : objectivité, transparence, sens du service et professionnalisme.

Les conclusions de ces travaux ont été présentées et discutées avec tous les collaborateurs de la direction lors d'une réunion unique à l'automne 2009 et un laps de temps a été donné pour recueillir les commentaires et suggestions notamment sur la mission, la vision et les valeurs. Ces éléments sont devenus la base de toute communication ou rencontre avec des partenaires ou entreprises au niveau de la direction, ont été insérés dans la formation des nouveaux arrivants et placardés dans les couloirs et salles de réunions.

• *Mise en place : miser sur le volontariat et dégager des moyens en interne*

Aucun moyen supplémentaire n'avait été dégagé *a priori* pour cet exercice TQM qui devait donc être conduit avec les personnes et budgets existants. Il a été décidé de constituer des équipes projets sur le mode du volontariat, sans promettre d'avancement ni d'incitation financière, mais en misant sur l'intérêt d'un projet porteur de sens et la possibilité de faire avancer les choses.

Les chefs de projets ont tout d'abord été désignés, en vérifiant leur intérêt pour le projet alloué, puis ont été invités à présenter à tous les collaborateurs leur vision sur leur projet en mode « elevator pitch ». Les collaborateurs ont ensuite pu candidater aux projets de leur choix, chaque candidat s'assurant par lui-même qu'il possédait les compétences nécessaires pour le projet choisi et la disponibilité adéquate pendant la durée prévisionnelle du projet. À la clôture des candidatures fin octobre 2009, ce sont 70 %

des collaborateurs qui ont souhaité participer à un, voire plusieurs projets, soit 130 personnes sur un total de 180 ! Au moment de confirmer la composition des équipes projet, il a été décidé d'accepter l'ensemble des candidats par souci de respecter l'enthousiasme manifesté.

- *Le suivi : préserver l'enthousiasme des débuts jusqu'aux résultats tangibles*

L'un des risques identifiés dans les premiers mois était la lenteur des procédures d'approbation quant aux propositions des groupes projet, ce qui risquait d'enliser la démarche TQM. Nous avons donc choisi de mettre en place une structure parallèle à la hiérarchie existante pour un suivi réactif et dynamique. Les chefs de projets rapportaient directement chaque mois à un comité restreint qui s'est réuni pendant toute l'année 2010, à raison d'une heure par semaine, et qui rassemblait le directeur, son conseiller, le chef d'unité organisant les formations et moi-même. Les comptes rendus de ces réunions étaient accessibles sur le réseau de la direction. Les chefs de projet réunissaient leurs équipes selon les besoins de leur projet, et organisaient eux-mêmes la consultation des acteurs impactés par le projet. Ceci était relativement nouveau dans une direction où les chefs d'unité ont le monopole des relations avec les États Membres et avec les niveaux hiérarchiques supérieurs.

Compte tenu de la dynamique participative du programme, il était également important de garder le plus possible un contact avec le terrain pour prendre en quelque sorte la « température » de la direction. Passer du temps à la cafétéria ou à échanger des impressions entre deux réunions dans le couloir n'était jamais inutile. De façon plus structurée, des *meetings* bimensuels ont été instaurés avec tout le personnel, à raison de 2 heures tous les deux mois, pour permettre une communication descendante (sur les actualités de la DG) mais aussi ascendante (sur les conclusions préliminaires des projets). C'est à ce moment que j'ai compris que la configuration des espaces de réunions pouvait soutenir concrètement la culture de communication au sein d'une organisation : des tables imposantes et fauteuils boulonnés au sol ne permettent pas la même proximité et flexibilité que des petites tables escamotables et des chaises mobiles !

- *Résultats : une influence et une efficacité renforcée*

À l'été 2011, la plupart des projets avaient produit les outils escomptés. L'influence de la direction s'est renforcée sensiblement dès l'année 2010, avant même la conclusion des projets : la confiance a été renouée avec les industriels. La direction s'est aussi positionnée en modèle vis-à-vis de ses homologues membres de l'OMC, au travers de réunions bilatérales, de publications dans des revues spécialisées et d'échanges d'outils. Plusieurs organismes publics et d'autres DG au sein de la Commission ont aussi sollicité spontanément un partage d'expérience sur notre approche avant de se lancer dans des démarches similaires.

Les collaborateurs, on l'a vu, ont massivement soutenu la démarche, certains travaillant sur leurs pauses du midi, en soirée ou le week-end pour tenir une échéance, ou peaufiner une proposition. Les équipes projet se sont approprié leur mission, et ont relancé les collègues qui tardaient à utiliser les outils proposés. Des changements qui semblaient impensables jusque-là devenaient envisageables et des commentaires nouveaux étaient entendus en réunion de travail : « Je sais qu'on va vraiment le faire si c'est dans le projet XXX ». Il restait bien sûr des sceptiques, mais qui n'ont pas réussi à éteindre l'enthousiasme collectif.

- *Si c'était à refaire : quelques principes finalement assez simples...*

Quelle que soit l'issue future de la démarche enthousiaste décrite plus haut, les résultats déjà obtenus pendant ces expérimentations, en terme de performances comme d'épanouissement des collaborateurs, me paraissent justifier les efforts investis. Il n'existe sans doute pas de recette toute faite pour déployer un management par l'enthousiasme car chaque organisation et chaque contexte exige une approche adaptée, à l'écoute des collaborateurs. Je retire tout au plus quelques principes simples de mes propres tentatives :

- Créer un climat de confiance mutuel, pour que chacun ose sortir de son rôle traditionnel de direction ou d'exécution. Ceci suppose une approche sincère et cohérente dans le temps de la part du management, une capacité d'écoute et de remise en question, le droit à l'erreur et un esprit de coopération au bénéfice de l'intérêt général. C'est sans doute ce qui prend le plus de temps à construire et stabiliser.
- Fixer un cap commun, pour donner de la clarté sur l'objectif à atteindre et les moyens acceptables d'y parvenir. Il s'agit de définir collectivement un projet clair et inspirant auquel chacun adhère : mission, vision, valeurs, stratégie générale et des règles d'exécution simples, enfin de rendre visible pour tous les collaborateurs les progrès accomplis et ceux restant à faire, en transparence et en temps réel.

– Permettre la prise d'initiatives pour concrétiser les objectifs. Il s'agit finalement de partager l'esprit d'entreprenariat avec tous les collaborateurs, plutôt que de le restreindre à quelques-uns, jugés seuls dignes de confiance. Aller au bout de la démarche suppose d'allouer à la fois la responsabilité et les moyens de mise en œuvre à ces intrapreneurs…
– Développer les compétences internes pour améliorer la qualité des contributions à court terme et mobiliser les collaborateurs sur de nouveaux défis à moyen terme.

On retrouve finalement les facteurs de motivation au travail décrits en 2012 par Daniel Pink : une fois que les besoins financiers minimaux sont couverts, ce sont le sens, l'autonomie et le développement de l'expertise qui seraient nos meilleurs moteurs et vecteurs d'enthousiasme (en anglais : *purpose*, *autonomy*, *mastery*).

On voit également que manager par l'enthousiasme requiert des compétences et un rôle nouveau pour les managers, mélange de facilitateur et coach pour faciliter les réflexions stratégiques et la prise de décisions de façon collective, pour donner aux collaborateurs la visibilité sur les progrès en cours, pour soutenir la prise d'initiative, pour aider à lever les obstacles et développer les compétences de chacun jusqu'à remplacer le « command and control » par « inspire and support » ?

Messages clés

– Quelle que soit l'issue future des démarches enthousiastes décrites plus haut, les résultats déjà obtenus pendant ces expérimentations, en termes de performances comme d'épanouissement des collaborateurs, me paraissent justifier les efforts investis.
– Quelques étapes clés du management par l'enthousiasme :
  • Créer un climat de confiance mutuel, pour que chacun ose sortir de son rôle traditionnel de direction ou d'exécution. Ceci suppose une approche sincère et cohérente dans le temps de la part du management, une capacité d'écoute et de remise en question, le droit à l'erreur, et un esprit de coopération au bénéfice de l'intérêt général. C'est sans doute ce qui prend le plus de temps à construire et stabiliser.
  • Fixer un cap commun, pour donner de la clarté sur l'objectif à atteindre et les moyens acceptables d'y parvenir.
  • Définir collectivement un projet clair et inspirant auquel chacun adhère : mission, vision, valeurs, stratégie générale et des règles d'exécution simples, rendre visible les progrès accomplis.

☞

☞
- Permettre la prise d'initiatives pour concrétiser les objectifs : partager l'esprit d'entreprenariat avec tous les collaborateurs, plutôt que de le restreindre à quelques-uns, jugés seuls dignes de confiance. Aller au bout de la démarche suppose d'allouer à la fois la responsabilité et les moyens de mise en œuvre à ces intrapreneurs…
- Développer les compétences internes pour améliorer la qualité des contributions à court terme et mobiliser les collaborateurs sur de nouveaux défis à moyen terme.

– Une fois que les besoins financiers minimaux sont couverts, ce sont le sens, l'autonomie et le développement de l'expertise qui sont les meilleurs moteurs et vecteurs de l'enthousiasme. Manager par l'enthousiasme requiert des compétences et un rôle nouveau pour les managers, mélange de facilitateur et de coach.

– Et des limites : au-delà des outils et méthodes, c'est également l'organisation et la culture qui doivent évoluer pour rendre la démarche pérenne. S'engager dans un management par l'enthousiasme demande du temps et de la constance et suscite des attentes de la part des collaborateurs qu'on ne peut pas décevoir deux fois…

Hervé Serieyx, essayiste et ancien directeur d'entreprise

« L'enthousiasme, c'est sérieux et ce n'est plus une option aujourd'hui ! »

- *L'enthousiasme, c'est sérieux*

Avant tout, l'enthousiasme, c'est sérieux, ce n'est pas : « Allons-y les petits gars ! ». Il s'agit de réveiller le dieu intérieur de chacun, de transcender le gris des jours. Socrate disait : « Trouvez un travail qui vous plaît et vous ne travaillerez plus jamais ! »

« L'effort ne compte plus quand vous dansez. » Mais ce n'est pas si facile, car le dieu intérieur de chacun est différent. Dans ma vie professionnelle, j'ai eu des succès et j'ai eu des « bides ». Certains n'ont pas compris. Or, l'enthousiasme ne peut venir que de la seule personne qui cherche à le susciter, il doit venir des autres qui le reçoivent.

- *Le management par l'enthousiasme, ce n'est plus une option*

Qu'est-ce que le management ? C'est amener des collaborateurs à produire durablement les résultats qui sont attendus.

Mais aujourd'hui, ces collaborateurs ont changé avec le monde dans lequel ils vivent : ils voient un monde qui bouge perpétuellement sans savoir où il va. Alors comment faire briller les yeux de personnes qui ne savent pas où elles vont, qui vivent dans l'incertitude absolue de l'avenir. Elles ont dans leur tête les périls les plus fous. Thierry de Montbrial décrit très bien la situation du monde occidental actuel : « Il n'y a plus de menace aux frontières mais il n'y a plus de frontières aux menaces. » Et c'est cet environnement anxiogène du monde qui hante la tête de nos collaborateurs : les parents ont peur de la drogue pour leurs enfants, d'autres craignent le terrorisme, l'islamisme radical…

Parallèlement, nos organisations ont été amenées à augmenter la rigueur de gestion pour augmenter leurs marges et résister aux crises économiques qu'elles traversent. Et la rigueur de gestion, c'est tout sauf marrant. Aussi, pour conserver l'engagement des collaborateurs, il devient indispensable d'accroître la chaleur du management face à l'austérité des processus. Dans un repère orthonormé avec en abscisse la rigueur et en ordonnée la chaleur du management, la performance se situe autour de la bissectrice.

Enfin, dans ce monde anxiogène, face à ces programmes de rigueur, il s'agit d'amener les collaborateurs tels qu'ils sont à produire les résultats attendus. Mais eux aussi ont changé :

- Ils sont devenus des « consommateurs de vie professionnelle » : ils n'apporteront leur intelligence à leur travail, que s'ils y trouvent leur compte. Sinon, ils viendront faire ce qu'on leur demande et rien de plus, et attendront d'être payés. Sans un peu de passion, sans écho à leur dieu intérieur, les meilleurs partiront et les autres s'accrocheront.
- En France, s'est établi un climat de défiance vis-à-vis des entreprises et de leurs dirigeants : comment avoir confiance dans l'équipe de direction, quand on ne sait pas ce qui se passe, quand des fusions, des cessions gigantesques sont négociées dans le plus grand secret et dévoilées brutalement aux salariés ?
- En France toujours, il y a les « vieux » : au-delà de 55 ans, aujourd'hui, beaucoup « démissionnent », regardent leurs ainés partis en « retraite anticipée » aux frais de la société et s'interrogent sur comment faire de même.
- En France, encore, il y a les « jeunes », tous à capuche ! Et ces jeunes, ce ne sont pas nous en plus jeunes : ils sont autres, structurés par les nouveaux outils et leurs usages. Ils ont une autre vision du pouvoir, un pouvoir latéral, un pouvoir des réseaux. On aura toujours besoin

d'une hiérarchie, d'un chef, mais il faudra faire avec de nouveaux pouvoirs horizontaux. Et l'Histoire l'a montré récemment, ce pouvoir des réseaux sait détruire avec de véritables capacités explosives (se souvenir du Printemps arabe en Égypte et Tunisie) mais il ne sait pas construire : ses conquêtes ont toutes été récupérées par des pouvoirs verticaux centraux qui, jusqu'à aujourd'hui, ont tout détruit. Aussi, à ces jeunes, structurés par les nouvelles technologies et le pouvoir des réseaux, on ne peut pas leur imposer n'importe quoi.

– Enfin, le système éducatif français structure la société de façon inquiétante avec une élite sortie des grandes écoles qui dirige le pays et des laissés pour compte qui n'ont pas intégré le système et n'auront aucune chance un jour d'accéder à des postes à responsabilités. Les autres pays développent auprès de leurs jeunes des systèmes de valeurs très différents.

Pour toutes ces raisons, parce que le monde a changé, parce que les jeunes ne sont plus les vieux avec quelques années de moins, parce que la France a engendré un climat de défiance et la démoralisation de ses jeunes et de ses vieux, l'enthousiasme n'est plus une option pour retrouver la performance de nos entreprises.

- *« Mais faut qu'on fasse attention ! »*

Il faut qu'on fasse attention parce que l'enthousiasme dans le management est nécessaire mais difficile. De nombreux freins existent :

– Le manager n'a pas toujours envie. Son environnement personnel peut parfois lui ôter l'envie au travers des épreuves que la vie apporte à chacun.

– L'enthousiasme est fatigant : on ne peut porter le feu longtemps tout seul, cela ne marche que si l'on trouve des relais d'étincelles. Il ne faut jamais préjuger de sa capacité personnelle et l'enthousiaste ne peut durablement être enthousiaste qu'à plusieurs. L'enthousiasme c'est viral, cela se transmet mais quand cela n'est pas possible, quand l'environnement de l'entreprise ne le permet pas, on s'en va.

– Il ne faut pas non plus devenir le manipulateur de ceux qui nous manipulent et entraîner ses collaborateurs vers des rêves qui ne sont que des leurres. Devant tellement de décisions incompréhensibles qui s'imposent à nous, il convient de conserver une part de lucidité même si, selon René Char : « La lucidité est la blessure la plus rapprochée du soleil. » D'un côté, si on est trop lucide, on ne fait plus rien.

De l'autre, dans un monde où le manager ne fait que passer, créer de l'espérance, donner du goût aux choses et partir peut engendrer une désespérance plus grande encore quand la réalité revient.

– Enfin, le charisme est nécessaire à l'enthousiaste pour emmener ses équipes et ses collaborateurs. L'enthousiasme et le charisme se rejoignent mais ne sont pas assimilables : si l'enthousiasme nécessite du charisme pour manager, trop d'enthousiasme tue le charisme et le manager qui n'a pas réussi à garder dans la durée une certaine distance par rapport à son enthousiasme, par rapport à cette étoile qui le dépasse, se transforme rapidement en GO du Club Med. *A contrario*, le charisme sans enthousiasme reste l'apanage des courtisans.

Messages clés

– L'enthousiasme, c'est du sérieux !
– Dans un monde nouveau plein d'incertitudes où les entreprises confrontées à la concurrence mondiale et aux crises économiques introduisent plus de rigueur dans leur gestion, l'enthousiasme n'est plus une option, il est devenu indispensable au management pour plusieurs raisons :
  • parce que le monde a perdu ses repères, parce que les collaborateurs ont peur et attendent plus de chaleur du management ;
  • parce que les collaborateurs ont changé et attendent autre chose de leur vie professionnelle, ce quelque chose qui réveillera leur dieu intérieur ;
  • parce que les jeunes d'aujourd'hui ne sont pas les vieux avec quelques années de moins, ils sont structurés par internet et ses nouveaux usages.
– Pour conserver l'engagement des collaborateurs, il devient indispensable d'accroître la chaleur du management face à l'austérité des processus.
– Mais l'enthousiasme devenu indispensable est difficile :
  • les élites structurées par l'image sociale donnée aux diplômes n'ont que peu d'appétence à diffuser une culture enthousiaste autour d'eux ;
  • l'enthousiasme est fatiguant : il ne peut être porté seul longtemps, il a besoin de relais d'étincelles pour le maintenir ;
  • l'enthousiasme est fragile et nécessite de conserver une part de lucidité pour ne pas engendrer plus de désespérance que d'espoirs.
– Trop d'enthousiasme tue le charisme. *A contrario*, le charisme sans enthousiasme reste l'apanage des courtisans.

Jean-François Zobrist, ancien directeur général de Favi

Favi est une entreprise de fonderie installée à Hallencourt depuis 1950. Elle emploie 500 personnes et travaille essentiellement pour l'automobile, le domaine de la santé et des moteurs électriques à très haut rendement… Sous l'impulsion de son directeur général Jean-François Zobrist, Favi a intégré avec grand succès une toute nouvelle conception du management particulièrement innovante et performante.

Comme les salariés de Favi ne font rien comme les autres, leur témoignage ne pouvait ressembler aux autres. Jean-François Zobrist, sollicité pour témoigner de son expérience a préféré donner la parole à ceux qu'il considère comme les principaux acteurs de l'entreprise, les opérateurs, les leaders... Il a également appelé ceux qui ont tenté d'essaimer le modèle Favi autour d'eux. Cela a donné un patchwork de témoignages, amusants, émouvants, convaincants qui illustre la diversité des formes que peut prendre l'enthousiasme et témoigne également de la créativité engendrée par l'enthousiasme comme moteur du management. Pour des soucis de cohérence et d'équilibre, nous n'avons fait figurer dans cette partie de l'ouvrage, que les principales réflexions du dirigeant, inspirateur de l'esprit de l'entreprise et les messages clés émanants de l'ensemble des contributions. Vous trouverez en annexe de l'ouvrage l'intégralité des témoignages de ses collaborateurs.

- *Qu'est-ce que le management par l'enthousiasme ?*

Les dictionnaires décrivent l'enthousiasme comme une fureur divine, un mouvement passionné ou une grande joie. Selon l'étymologie grecque, l'enthousiaste est « habité » ou « inspiré par les dieux ».

Si l'on revient à l'enthousiasme du patron, voici ce que cela m'inspire : si le patron sort de son bureau, abolit les réunions et le *reporting* qui ne servent qu'à servir sa mégalomanie, s'il va quotidiennement au contact des productifs directs, ceux qui créent la valeur ajoutée, en dérivant la structure, s'il perçoit les signaux faibles émis par les seuls vrais acteurs de l'entreprises et, telle la Pythie grecque, en fait la synthèse et en construit un projet commun durable qu'il porte au quotidien par des rêves partagés et des étoiles de références, s'il fait de ces rêves et étoiles l'objectif de son action et abandonne le résultat financier comme objectif, considérant que le résultat est la résultante de ces rêves partagés, en luttant contre la structure pléthorique parasitaire et improductive, alors oui, il est enthousiaste.

En revanche, si ce même patron se fait le chantre du fameux projet d'entreprise accouché des réflexions fumeuses des non productifs, RH et chefs en tous genres, comme cela est malheureusement généralement le cas, alors là, il ne peut être habité par les dieux !

- *Quelles sont les conditions de transmission de l'enthousiasme ?*

Maintenant, regardons quelles sont les conditions pour que le patron enthousiaste soit enthousiasmant, c'est-à-dire transmettre son enthousiasme à la base productive ? Il faut d'abord qu'il soit crédible et cohérent, c'est-à-dire conforme aux messages ludiques et oniriques qu'il véhicule. Si son enthousiasme est porté par une démarche « Tous ensemble ! », il faut qu'il abandonne son *ego* et ses attributs de fonction pour être lui aussi dans le collectif et aller jusqu'à partager la même prime. Place de parking réservée, voiture de fonction… sont des freins évidents à la collectivisation de son enthousiasme.

- *Lien entre bonheur dans l'entreprise et contrôle*

Il n'y a pas de bonheur dans une entreprise contrôlée. Le rôle des Ressources Humaines est de « rendre heureux » ; des employés heureux seront beaucoup plus performants. S'il est efficace de prôner et porter des rêves, de montrer ces étoiles, il ne faut surtout pas encadrer ces rêves, enfermer les étoiles en organisant les choses. Surtout ne rien organiser et laisser chacun s'organiser, passer de l'idée à l'action sans réflexion.

L'enthousiasme du manager porte un ou des « pour qui », des « pour quoi », mais il doit laisser chacun, guidé par ses « pour quoi » et « pour qui », libre du « comment » cheminer en liberté cohérente. L'enthousiasme est lié au bonheur de tous et à la liberté ; la performance dépend du bonheur de chacun.

- *Qu'est-ce que la liberté cohérente ?*

C'est un espace de liberté, qui n'est liberté que parce qu'il est limité par deux valeurs infranchissables, sous peine d'exclusion. Le couple a deux valeurs limites : la fidélité et le respect de l'autre, les judéo-chrétiens ont de même : aime ton prochain comme toi-même, ne fait pas à autrui…

Il importe d'imposer deux valeurs limites subjectives : savoir jusqu'où ne pas aller. Dans notre entreprise, Favi, ces deux valeurs sont « l'homme est bon » et « tout ce que l'on fait doit servir l'amour d'un client (interne ou externe).

Donc tout document, procédure, qui contrôle autrui ou qui ne sert aucun client est détruit, et son porteur réorienté vers des tâches de création de valeur ou de recherche de chiffre d'affaires.

Il n'y a pas de partage d'enthousiasme sans liberté, mais une liberté bordée par deux limites pour garder une cohérence au groupe.

Enfin, il faut un sentiment de solidarité matérialisé par un objectif et une prime sur le résultat collectif, unique et égalitaire entre tous sans aucune distinction hiérarchique ou d'ancienneté.

L'enthousiasme ne peut se partager qu'en navigant sur le subjectif et le collectif en abandonnant totalement l'objectif. On ne partage que si on va sur le terrain de l'autre.

Le résultat n'est plus l'objectif, mais la résultante du subjectif et du collectif.

- *Autrement... ?*

Le patron sera une locomotive enthousiaste avec un tender de codir et autres parasites improductifs complices... mais sans wagon derrière !

Messages clés

- On ne partage que si on va sur le terrain de l'autre.
- Le patron enthousiaste doit être enthousiasmant, c'est-à-dire qu'il transmet son enthousiasme à la base productrice.
- Si son enthousiasme est porté par une démarche, « tous ensemble », il faut qu'il abandonne son ego et ses attributs de fonction pour être lui-aussi dans le collectif et aller jusqu'à partager la même prime !
- L'enthousiasme est lié au bonheur de tous et à la liberté, mais une liberté bordée par deux limites pour garder la cohérence du groupe : la fidélité et le respect de l'autre.
- Sans une liberté cohérente, le patron sera une locomotive enthousiaste avec un tender de Codir et autres parasites improductifs complices... mais sans wagon derrière !
- Si nous avons envie de faire des choses, alors nous déplacerons des montagnes.
- Le manager enthousiaste est créateur de plaisir, de bonheur, de confiance et d'autonomie.

☞

☞

- Le management par l'enthousiasme est plus qu'un état d'esprit, c'est l'art de manager en partageant ses émotions en vue de créer l'envie.
- L'enthousiasme s'auto-nourrit et se multiplie : une fois la graine d'enthousiasme semée chez les autres, elle pourra grandir même chez les moins optimistes.
- L'enthousiasme, c'est savoir partager le positif comme le négatif ; c'est l'envie de bâtir sur des valeurs communes de confiance et non de hiérarchie.
- La performance des hommes et des femmes provient de l'équation : somme du savoir + du vouloir + du savoir quoi faire et pour qui.
- Manager par l'enthousiasme, c'est l'amour d'un sujet et le désir de le voir se réaliser, deux valeurs qui priment sur l'objectif.
- Mon renouveau d'enthousiasme, ce fut quand le nouveau directeur s'est davantage intéressé à ses ouvriers qu'à ses machines.

Retrouvez la suite des témoignages des collaborateurs de Favi en annexe de l'ouvrage.

3

LES FONDEMENTS DU HAPPY MANAGEMENT

« Pour celui qui déborde d'enthousiasme,
qui est obsédé par un but, rien n'est impossible. »
Morris Goodman

Ce chapitre reprend d'une nouvelle façon les enseignements des témoignages précédents et les structure.

Nous avons repris les témoignages tels qu'ils nous ont été donnés, sans exclusion ni coupure. Il est étonnant de constater les nombreuses redondances malgré les nuances liées aux personnalités et aux fonctions des témoins.

Dans la première partie, nous allons analyser de quelle façon les témoignages mettent d'abord l'accent sur les enjeux multiples de l'enthousiasme, tant pour le manager et le managé que pour l'entreprise.

La deuxième partie est construite autour des idées-forces du *happy management* on y retrouve la notion de collectif, de valeurs humaines mises en avant, de la démarche managériale dont les mots clés sont : confiance, communication, écoute, développement et valorisation des connaissances enfin responsabilisation.

La troisième partie aborde l'émergence du *happy management* : est-il inné, transmis ou émerge-t-il en présence de circonstances particulières ?

La quatrième partie résume enfin les limites et les freins *du management*: les idées clés sont liées à l'image parfois négative que peut dégager le manager trop enthousiaste, à la formation des élites françaises, à l'environnement, au carriérisme légitime, à la peur de l'inconnu, à la solitude du manager enfin à l'érosion de l'enthousiasme par le temps.

LE HAPPY MANAGEMENT : DES ENJEUX MULTIPLES

Il ne s'agit pas ici de donner une nouvelle description du manager enthousiaste mais plutôt de s'intéresser à son mode d'action et de mettre en lumière un certain nombre d'idées communes que l'on retrouve dans la quasi-totalité des expériences.

Il ressort de nos différents témoignages une très grande cohérence dans les différentes analyses des apports du *happy management.* Les enjeux sont systématiquement triples, pour le manager, le managé et l'entreprise :

Le manager

Ce type de management est pour lui source de plaisir et de joie. Il se nourrit des succès de son équipe et s'épanouit à la voir dépasser ses limites. Cette pratique lui permet aussi de sortir de l'isolement dans lequel parfois il s'enferme au travers de son rôle de contrôle. Pierre explique ainsi : « Être enthousiaste, c'est entraîner les autres, ne pas être seul ; l'enthousiasme permet de travailler en se sentant bien, en se sentant utile, en sentant que son travail fait plaisir à d'autres pour construire un projet plus grand ». Gaëlle confirme que cette conception du management affranchit des obligations contraignantes du chef qui en découlent, à savoir, l'isolement et le poids des responsabilités à porter seul. Cela donne une liberté d'action très grande et une force d'entraînement sans cesse alimentée par le bonheur irradié dans l'organisation. Julie ajoute : « Le manager enthousiaste est optimiste, il entraîne ». Christophe parle de ce manager comme « un créateur de plaisirs, de bonheur, de confiance et d'autonomie ». Citons également Étienne : « Les synonymes que j'associe à l'enthousiasme : l'admiration, l'entrain, l'engouement, la passion, tout cela pouvant déboucher jusqu'à une forme d'excitation, voire de fougue ». Enfin Robert affirme : « Où ai-je été le plus heureux ? Dans les entreprises où l'on créait. Créer est une véritable source de joie personnelle et collective ».

Le managé

Le *happy management* lui offre un terrain de jeu particulièrement stimulant où il peut véritablement s'épanouir et se développer. La confiance, le dynamisme, la valorisation des missions permettent de vivre collectivement des projets motivants. David l'explique clairement : vision, soutien, liberté d'expression, assurance et reconnaissance combinés, deviennent un très fort facteur d'épanouissement et de développement professionnel et personnel.

Nadège parle de l'enthousiasme comme d'une « énergie souriante, tout à la fois exigeante et confiante ».

L'entreprise

Elle obtient de son côté des résultats inespérés et dispose de ressources humaines particulièrement performantes et prêtes à s'engager pleinement. Les expériences menées par Mélanie dans l'administration illustrent tout à fait la nature des résultats auxquels un tel management peu conduire tant en termes de performance pour l'entité qu'en termes de développement du potentiel des équipes : « L'enthousiasme au travail, c'est être inspiré par la mission de l'entreprise, avoir envie d'y contribuer, prendre plaisir à réaliser des projets et ressentir une énergie naturelle permettant de dépasser les obstacles et d'atteindre des objectifs que l'on s'est finalement appropriés. »

Nous sommes donc dans une équation gagnante associant le plaisir du manager et l'épanouissement des managés.

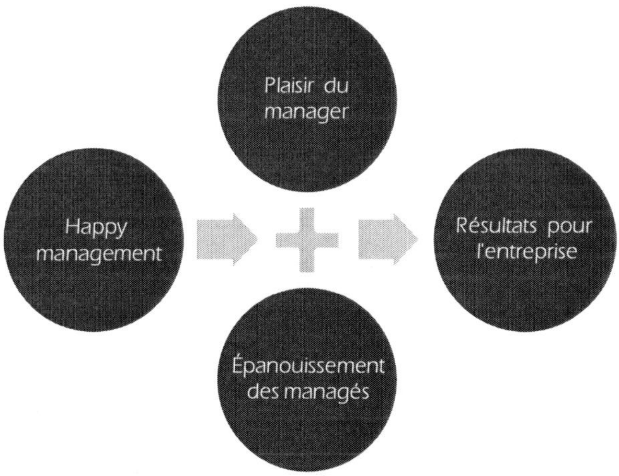

Figure 3.1 – Le happy management : une équation gagnante

Les gains de ce challenge gagnant-gagnant naissent d'une véritable synergie entre la passion, l'énergie du manager et le potentiel inexploité des collaborateurs. La réussite repose sur l'acceptation d'un contrat tacite entre les deux parties : chacun s'accorde sur l'objectif commun de progresser ensemble et s'engage pleinement dans la poursuite de cet objectif en mettant toute son énergie au service de cette cause commune. Citons Pierre-Marie : « Mais l'enthousiasme collectif ne se décrète pas, il est plus que la somme des enthousiasmes individuels, il est le fruit d'une envie partagée. Il a aussi cette propriété rare, qu'à l'inverse du gâteau, lorsqu'on le partage, il augmente ! »

Les témoignages se rejoignent sur un point : si le management hiérarchique par autorité est souvent vécu comme parfois démotivant, le management par l'enthousiasme, en accordant une plus grande importance aux hommes qu'aux processus, est source d'excitation, excitation qui crée l'envie de s'impliquer. La mobilisation des équipes apparaît ainsi comme le challenge essentiel de ce type de gestion des hommes. Pour Antoine : « Mon enthousiasme vient avant tout du plaisir de travailler dans une atmosphère de solidarité et de franchise qu'elle que soit la difficulté de la tâche à accomplir ». Et pour Hervé : « Il s'agit de réveiller le dieu intérieur de chacun, de transcender le gris des jours ».

Portés par le dynamisme de leur responsable, rassurés par leur confiance absolue dans l'intérêt de la mission, les collaborateurs ont envie de tout donner et même plus. Citons Pierre-Marie : « De mes expériences sur de nombreux terrains, j'ai pu constater que l'idée de l'entreprise enthousiaste est plutôt partagée ; même si parfois elle apparaît utopique, elle suscite une certaine envie d'y aller ; il ne suffit que d'un peu d'audace et d'un peu de confiance pour constater que des initiatives se prennent, que le lien social se renforce, qu'une certaine connivence s'installe ; le rêve d'une entreprise enthousiaste est loin d'être inaccessible ».

La génération Y, enfin libérée d'un management étriqué, centré sur la seule atteinte des objectifs personnels du chef, trouve l'occasion de déployer sa créativité. L'enthousiasme donne du sens, il dissipe les doutes sur l'utilité du travail à accomplir et devient ainsi un véritable accélérateur de réussite. Sébastien ajoute : « Comment voulez-vous que les gens ne soient pas heureux au travail quand on les implique totalement ? »

Le management par l'enthousiasme par le sens qu'il redonne à chaque mission apparaît d'autant plus indispensable aux fonctions transverses, comme la qualité, par exemple. Il permet aux responsables d'équipes de sortir de leur image de manager mécanique et sans âme. Encore trop rare aujourd'hui dans les entreprises (et nous verrons pourquoi dans les pages suivantes) l'émergence de ce nouveau type de management à tel ou tel endroit de l'organisation est une aubaine dans le cycle de vie de l'entreprise : les collaborateurs ainsi managés sont transformés, ils prennent conscience qu'il existe un autre mode de management hors des schémas traditionnels parfois trop rigides basés sur l'expertise et l'ancienneté. Ils le reproduisent alors quand ils le peuvent, une fois devenus managers.

LES IDÉES-FORCES DU HAPPY MANAGEMENT

« L'enthousiasme se transmet,
il faut trouver les bons catalyseurs. »
Gérard Mattei

Il ressort de nos différents témoignages six éléments clés que nos différents enthousiastes ont tous mis en œuvre dans leurs différents domaines. Il ne s'agit pas dans ce chapitre de décrire les mécanismes de construction du *happy management*, mais d'identifier les éléments essentiels de sa structure :

1) L'importance du collectif, de la transversalité et de la confrontation.
2) Le partage de valeurs humaines qui font le ciment de l'aventure.
3) Le déploiement d'une véritable démarche managériale qui implique respect des hommes, écoute, constance et exigence.
4) Une attitude résolument humaine et positive.
5) La cohérence entre les discours et les actes, entre les convictions et les actions, entre les différentes composantes de sa vie personnelle et professionnelle.
6) Un but commun : le succès.

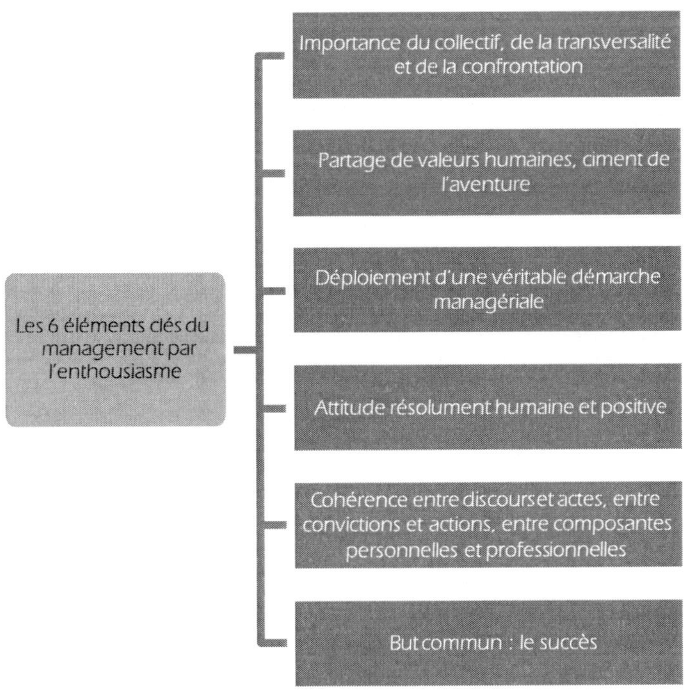

Figure 3.2 – Les éléments clés du management par l'enthousiasme

Le collectif, la transversalité et la confrontation

Nous développerons dans la dernière partie l'évolution des organisations managériales de ces dernières années qui a laissé progressivement beaucoup plus de place au management transversal ou au management par processus par opposition au management strictement hiérarchique vertical, et la place qu'elle donne à l'enthousiasme. Cette évolution vise à améliorer l'efficacité des organisations, en supprimant des interfaces, en accélérant les procédures et surtout en développant des habitudes de travail beaucoup plus collectives.

Il ressort des différentes expériences enthousiastes étudiées que le manager enthousiaste quel que soit l'environnement organisationnel, hiérarchique ou transversal, dans lequel il se trouve, place le collectif au-dessus de l'individuel, donne à l'équipe une importance primordiale, convaincu qu'ensemble les hommes vont toujours plus loin qu'individuellement. Si l'on prend la comparaison sportive, une équipe ne peut gagner si chaque coéquipier se contente de bien tenir son poste sans s'assurer de la cohérence du jeu collectif. De même, un alpiniste n'atteint jamais le sommet sans la cordée dont il dépend autant que celle-ci compte sur lui. Aussi, le manager enthousiaste ne conçoit la victoire que collective. La victoire sera d'autant plus belle qu'elle sera le fruit du travail et de la collaboration de tous et chacun, quelle que soit l'importance de son apport. Chacun pourra se l'approprier sans distinction d'importance et participer au banquet qui célébrera le succès au même titre que tous les convives. Citons Jean-Pierre : « Le moteur de mon enthousiasme : le plaisir de partager le résultat avec le personnel et le client heureux ». Ou encore Jean-François : « Si son enthousiasme est porté par une démarche « tous ensemble », le patron devra abandonner son *ego* et ses attributs de fonction pour être lui-même dans le collectif ».

Pierre-Marie développe la même idée avec des termes différents : « Tout entreprise, toute organisation est à considérer comme une aventure humaine ; cette aventure est la réalisation d'un projet collectif, une œuvre collective porteuse de sens, source d'épanouissement et de fierté de l'équipe où chacun est co-auteur solidaire de la constitution de son futur ».

Si le manager enthousiaste reste le chef et rappelle sa position quand il le faut, il agit au cœur de son équipe, se comporte comme un équipier comme les autres et prône l'expression de chacun afin que les décisions soient les plus riches possibles mais également afin que chacun se les approprie plus facilement. Il instaure généralement un mode de fonctionnement basé sur la confrontation des idées, le débat, sur le consensus et l'alignement qui doit s'en suivre : le chef n'est pas celui qui apporte réponses et solutions, il est celui qui fait émerger la meilleure solution après s'être assuré que chacun ait pu s'exprimer, proposer des orientations et que toutes les objections et alternatives aient été regardées avec bienveillance.

La confrontation fait partie du *happy management*, le manager enthousiaste ne la craint pas et la gère comme source de performance. David nous rapporte : « En cas de divergence avec la pensée de mon manager, celui-ci s'est toujours montré ouvert à mes idées voire en demande d'une contradiction constructive, assuré que nos objectifs étaient identiques ». La confrontation peut d'ailleurs être source d'innovations. Loïc parle de l'enthousiasme comme l'art d'aimer les challenges : « L'enthousiasme permet d'innover et de ne pas prendre les chemins habituels, voire même d'aller à l'encontre de certaines croyances ».

Bernard résume cette posture du manager enthousiaste, challengeant son équipe, se positionnant au même niveau : « Nous sommes tous chefs, que voulons-nous faire ensemble ? » Et quand il parle de management, il dit : « C'est une aventure humaine passionnante, c'est vivre ensemble, faire quelque chose ensemble et essayer de le faire bien ; ce n'est pas pour être le chef le meilleur que le monde ait jamais connu ! »

Julie exprime les choses différemment : « Avec un manager enthousiaste, on travaille en miroir et en synergie. On s'épaule, on se porte, on se nourrit mutuellement de l'enthousiasme de l'autre ».

Gaëlle insiste également sur la dimension nécessairement collective du *happy management* : « La joie et l'enthousiasme ne s'expriment généralement que dans l'équipe, ils n'ont de sens que par leur partage. Aussi chacun est libre de se dépasser mais surtout libre d'échanger, de partager et prend ainsi conscience que l'entreprise est une œuvre collective ».

Des valeurs humaines qui font le ciment de l'aventure

Qu'est ce qui fait gagner une équipe ? Regardons les deux équipes françaises de sports collectifs envoyées aux Jeux olympiques de Londres en 2012 dont les journaux ont le plus parlé : l'équipe de football masculin et l'équipe de handball masculin. La première était composée de grandes stars, joueurs internationalement reconnus pour leurs compétences et leurs performances : elle a perdu. La deuxième plus discrète affichait pourtant déjà un palmarès incroyable mais on a dit d'elle qu'elle était composée de joueurs trop vieux qui avaient fait leur temps ; aucun de ses joueurs n'était vraiment connu du grand public et pourtant elle a gagné et conservé ainsi le titre olympique qu'elle avait déjà remporté quatre ans plus tôt. Comment a-t-elle gagné ? Elle a gagné parce qu'elle avait envie de gagner, de se battre collectivement pour le titre. Ses joueurs ne recherchaient pas la gloire personnelle, n'enviaient pas la une des journaux ; ils voulaient simplement être ensemble et aller ensemble chercher la victoire. Comme le dit Nadège : « Si nous avons envie de faire les choses, alors nous déplacerons des montagnes ». Empruntons cette réflexion de Pierre-Marie : « L'entreprise enthousiaste conjugue ces trois formes : des dirigeants enthousiastes, des collaborateurs enthousiastes, une équipe enthousiaste qui, ensemble, conquièrent fièrement de nobles sommets. C'est la définition que je propose de donner de l'entreprise et plus généralement de toute organisation tant je crois que toute entreprise humaine se devrait d'être humaniste ».

Dans le témoignage de Gaëlle, une des missions principales d'un manager est de donner envie à son équipe de réussir, de se surpasser « L'homme peut réaliser l'impossible, le standard jamais ». Citons Robert : « Je prenais plaisir à mettre l'organisation sous tension, à embarquer les équipes avec moi pour atteindre des objectifs difficiles. Les personnes ne s'éclatent pas dans la permanence et la stabilité ; elles aiment les défis et suivent les chefs qui les incarnent surtout dans les moments difficiles ». Gérard confirme : « Face à un manager enthousiaste, on a envie de tout donner ». Selon Julie, « le manager enthousiaste t'aide à vivre à fond ce que tu vis, à te surpasser ». Pour David, ce sont l'énergie et la passion de ses managers qui ont contribué le plus à son développement personnel. Pour Pierre : « Le professeur veut emmener les élèves plus loin qu'ils ne pensent pouvoir aller ».

La passion pour son métier ou sa mission et l'envie de la partager avec les autres sont des moteurs essentiels pour le manager enthousiaste. Ces moteurs lui donnent l'énergie pour embarquer l'équipe derrière lui.

Mais ce qui fait gagner une équipe sportive, ce sont aussi un ensemble de valeurs partagées, que l'on retrouve dans le management par l'enthousiasme qui vise la réalisation de choses exceptionnelles en misant sur la valeur et l'engagement collectif. Ces valeurs évoquées dans l'ensemble des témoignages sont principalement les suivantes :

- Le respect de la place de chacun, du travail de chacun en ce qu'il contribue à la victoire collective.
- L'esprit d'équipe et la solidarité.
- La confiance.

– L'audace.
– L'exemplarité.

Une démarche managériale

Les différents témoignages ont montré comment l'enthousiasme s'intégrait dans le management de tous les jours ; même s'il introduit beaucoup de transversalité, qu'il s'affranchit souvent des rapports hiérarchiques traditionnels, il ne remet pas en question l'organisation ou les procédures mais les transcende par des comportements individuels et collectifs innovants et créateurs de valeur. Même dans les entreprises cherchant à gommer les rapports hiérarchiques, il reste quand même un patron qui décide et porte le projet.

L'enthousiasme n'abolit donc pas les règles et procédures nécessaires au bon fonctionnement de l'entreprise. Il ne se substitue pas non plus aux compétences. Bien au contraire, le succès du management par l'enthousiasme repose sur la capacité des hommes et des femmes de l'équipe à apporter chacun leur valeur ajoutée et leur énergie créative à l'ensemble de l'équipe. Le développement de leurs compétences tant fondamentales que comportementales est une des clés du succès.

Alors de quoi parle-t-on lorsque l'on évoque la démarche managériale du management par l'enthousiasme ?

Nous retrouvons là encore un certain nombre d'éléments managériaux invariants qui font la différence :

– La confiance.
– La communication.
– Une démarche de développement des hommes.
– L'écoute et le dialogue.
– Une démarche de valorisation et de reconnaissance.
– Une démarche de responsabilisation.

La confiance

Le mot est revenu dans la quasi-totalité des témoignages, souvent dans la perspective d'un dépassement ou d'une aventure inconnue. Selon Gaëlle, la première condition pour créer les conditions du dépassement de ses limites, est le sentiment de liberté et de confiance. Des trois managers enthousiastes de David, le joyeux optimiste, l'entrepreneur et le joueur, tous semblaient dotés d'une inébranlable confiance dans leurs projets et leurs chances de succès. Pour Robert : « L'enthousiasme est indissociable de la confiance, confiance que l'on donne à ses collaborateurs, confiance que l'on inspire à ses équipes et qui fait qu'elles vous suivent ». Dans l'enseignement, Pierre insiste sur la nécessité d'une relation de confiance sincère et mutuelle entre l'élève et le professeur pour atteindre les résultats visés, voire les dépasser.

Le point commun de ces différentes expériences managériales est la volonté de toujours aller plus loin et de repousser les limites que chacun se met souvent inconsciemment. Et c'est pour oser aller plus loin, pour faire les choses différemment, que la confiance est nécessaire ; le collaborateur a besoin d'être rassuré pour tenter de nouvelles expériences. Reprenons quelques témoignages : pour Bernard, « c'est quand les balles sifflent que l'on reconnaît le chef », pour Jean-Luc, « l'envie de bâtir sur des valeurs communes et non de hiérarchie » ou encore pour Gérard, « pour créer l'enthousiasme, il faut trouver des personnes qui croient en vous » enfin, pour Loïc « comment ne pas être enthousiaste quand l'individu est rassuré ? Savoir convaincre, c'est rassurer et apporter une solution justifiée qui lève les verrous ». Xavier replace la confiance des collaborateurs dans le contexte même de la confiance de l'entreprise : « L'entreprise doit avoir confiance dans le système dans lequel elle évolue et l'individu doit sentir qu'on lui fait confiance pour donner le meilleur de lui-même et chercher à se dépasser. Et cette confiance ne peut se limiter aux mots, elle doit se traduire par des signes tangibles. »

La communication

Le *happy management* implique la plupart du temps la mise en place d'une communication permanente de la part du manager tant sur le fond que sur la forme pour donner du sens à l'action et maintenir le collectif autour de valeurs partagées.

Vis-à-vis des personnes le manager enthousiaste s'intéresse aux autres, il sait s'adapter à chaque personne de son équipe parce qu'il la connaît. Il adopte ainsi un management spécifique en fonction des personnalités de chacun, trouve les bons arguments individuels loin des discours stéréotypés. Hervé explique qu'il faut « réveiller le dieu intérieur de chacun », qu'il faut trouver dans chacun le moteur qui le fait vibrer, qui fera briller ses yeux, mais que ce dieu intérieur est personnel, propre à chaque individu.

Vis-à-vis de son équipe : que voulons-nous faire ensemble et comment voulons-nous travailler ensemble ? Le manager joue le rôle du capitaine du navire qui maintient le cap en toutes circonstances et rappelle ou soutient en permanence les règles de base du fonctionnement collectif : respect, esprit d'équipe, audace, solidarité et responsabilité. Il donne du sens à l'action, sait expliquer le pourquoi avant de lancer un plan d'action.

La communication du manager enthousiaste ne passe pas forcément par la parole : elle passe également par les actes. « La reconnaissance du statut de chef ne passe ni par une posture affichée, ni par la compétence technique ou par un ton volontairement autoritaire, elle ne peut vous être donnée que par vos équipes et se construit au travers de vos actes. Vous gagnez le respect des équipes au travers de votre personne, de vos actes et du respect que vous leur accordez vous-mêmes » nous dit Gaëlle. Antoine défend l'impératif de l'exemplarité pour transmettre l'enthousiasme : « Il est essentiel de se montrer passionné par son travail, d'être prêt à fournir l'effort que l'on exige de ses subordonnés ».

L'enthousiasme du manager ne peut se transmettre au travers de mémos, notes ou autres Powerpoint. Le manager enthousiaste est un manager « humain », dont la communication passe beaucoup plus par le contact. Il ne manage pas son équipe à coup de mails et préfère la communication orale. Il est présent sur le terrain, instaure des moments de convivialité. Citons David : « Le manager trouvera les mots, les gestes qui entraîneront le groupe, le collectif, l'équipe qui, elle-même, se surpassera pour la réussite globale ». Pour Robert : « L'enthousiasme consiste alors pour le patron à être le plus près possible des investisseurs, du personnel et des clients sur le terrain. Même lorsque je gérais une entreprise de 3 000 personnes, j'en connaissais plus de la moitié ! Le leader enthousiaste partage ses doutes avec ceux qui se sacrifient pour lui et le projet qu'il incarne à leurs yeux. Il chasse "en bande" et les liens qui se créent à l'intérieur de la bande sont extrêmement forts ».

Une démarche de développement des hommes

Une démarche de développement des hommes portée sur les compétences comportementales est essentielle. Le *happy management* transforme les manières de travailler et chacun n'est pas spontanément confortable avec les nouveaux comportements souhaités : travailler en équipe, exprimer sa créativité, oser les émotions et la nouveauté. « L'enthousiasme libère la créativité » nous dit Julie et Étienne poursuit « l'émerveillement comme la générosité sont des formes nobles de l'enthousiasme ». Cet axe est essentiel pour permettre à chacun d'oser proposer de nouvelles idées pour créer un véritable esprit d'équipe, et développer l'envie de performance collective et la fierté de réussir ensemble. Au-delà du développement de nouvelles compétences comportementales, il ressort également des entretiens que le *happy management* ne peut se permettre l'amateurisme et doit reposer sur des équipes compétentes et engagées. Mélanie explique très clairement qu'au-delà de l'établissement commun de la mission et de la vision pour un projet d'équipe, la mise en œuvre des actions nécessite souvent des compétences nouvelles. Gérard présente même la formation comme un moyen essentiel d'entretenir son enthousiasme et de booster son envie d'agir.

L'écoute

L'écoute est également un élément clé du *happy management*. Elle est le moyen pour le manager enthousiaste d'assurer cette synergie avec le terrain, mentionnée dans plusieurs témoignages. Pour Robert : « Pour que les gens partagent votre enthousiasme et soient heureux de vous suivre, il faut toujours écouter, motiver et être crédible et ne pas affirmer ce que l'on sait impossible à réaliser ».

Cette écoute permet au manager enthousiaste d'entendre les signaux faibles du terrain, d'entendre les aspirations, les idées mais aussi les craintes de tous les acteurs de l'équipe. L'objectif est multiple : il s'agit d'anticiper d'éventuels obstacles aux projets à venir, de répondre à des aspirations facilement accessibles, d'identifier des voies d'amélioration que seuls des productifs peuvent voir et de s'assurer en permanence de l'adhésion de l'équipe à la vision, au projet commun. Une ambition trop grande, des obstacles imprévus, des difficultés sous-estimées ou d'autres paramètres peuvent parfois altérer l'enthousiasme ou l'envie de faire. Il est essentiel d'entendre ce signal le plus tôt possible pour réagir. Sur ce point, le message de Jean-François est le suivant : « On ne partage que si on va sur le terrain de l'autre ».

Cette écoute des signaux faibles est nécessairement informelle : elle passe par des échanges impromptus sur le terrain, par des moments de convivialité au café. Les interlocuteurs doivent se sentir en confiance pour exprimer librement leurs idées ou soucis au détour d'une conversation anodine. C'est pour cela et parce qu'il aime les échanges authentiques et directs, que le manager enthousiaste développe fréquemment ce type d'échanges au travers de tours de terrain réguliers ou de conversations autour de la machine à café. Julie témoigne : « Elle sait prendre un café et discuter avec son équipe ». David résume la vision du *happy management* : « Le management n'est plus seulement une question de contrôle, de tâches à réaliser, de plans d'actions… mais de changements à instiller, de comportements à modifier… et de bons moments à partager ». Bernard acquiesce en détectant chez le manager enthousiaste « plus de moments de partage que de Powerpoint ».

Jean-François place même l'écoute des signaux faibles au cœur de la construction du projet de l'entreprise : « Le patron sort de son bureau, abolit les réunions et le *reporting* qui ne servent qu'à servir sa mégalomanie, va quotidiennement au contact des productifs directs, ceux qui créent de la valeur ajoutée, en shuntant la structure, perçoit les signaux faibles émis par les seuls vrais acteurs de l'entreprise et, telle la Pythie grecque, fait la synthèse de ces signaux et en fait un projet commun durable qu'il porte au quotidien par des rêves partagés par des étoiles de références. Il fait de ces rêves et étoiles l'objectif de son action et abandonne le seul résultat financier comme objectif, considérant que le résultat sera la résultante de ces rêves. »

Une démarche de valorisation et de reconnaissance

Il s'agit là de reconnaître les meilleurs et de les valoriser devant les autres, s'appuyer sur eux pour tirer les moins bons vers le haut. L'idée de base est qu'il est plus efficace de développer les meilleurs que de réprimander les moins bons ; cela développe un esprit d'émulation qui donne envie aux derniers de ne plus l'être. Si en plus le meilleur comprend qu'il ne peut gagner seul, il verra son intérêt à aider le plus faible, à lui transmettre ses méthodes, à l'encourager. Citons Mélanie : « Le management par l'enthousiasme requiert des compétences et un rôle nouveau pour les managers, mélange de facilitation et de coaching ». Dans le *happy management*, même si des recadrages s'avèrent nécessaires, ils porteront plus sur le manque d'engagement, sur le non-respect de règles, que sur le manque de performance, vu comme la conséquence de ce manque d'engagement. Le manager adoptera plus facilement une attitude compréhensive pour apporter une aide appropriée qu'une attitude de père fouettard sans apporter de clés de réussite. David reconnaît : « Je bénéficiais de sa reconnaissance pour mon engagement, mon énergie à œuvrer tout simplement à réaliser son projet… Cette combinaison alliant vision, soutien, liberté d'expression, assurance et reconnaissance a été pour moi un très fort facteur d'épanouissement et de développement professionnel et personnel ».

Une démarche de responsabilisation

En invitant chacun à participer aux décisions, le manager enthousiaste les rend responsables des résultats collectifs. Dans le *happy management*, le collectif l'emporte sur l'individualisme, ce qui rejoint les principes largement déployés dans l'approche du web (Wikipedia…), qui encouragent les initiatives, les suggestions d'amélioration continue des recettes (Marmiton…).

La responsabilisation permet de créer des conditions pour le développement personnel de chacun ; elle donne à chacun suffisamment d'espace pour exprimer son plein potentiel. « L'exercice de la liberté s'accompagne de l'exercice de la responsabilité » nous dit Gaëlle.

Une attitude différente résolument humaine et positive

Nous le disions dans l'introduction, dans un contexte économique de plus en plus instable, les entreprises doivent en permanence s'adapter à un monde qui bouge, qui se transforme. Elles ont été amenées ces dernières années à accroître la rigueur de gestion, synonyme de réduction de coûts et autres restrictions budgétaires.

Face aux épreuves, les managers ont tendance à se replier plutôt qu'à jouer l'ouverture. Ils alarment, accentuent les *reportings*, les contrôles plutôt qu'ils ne font confiance. Ils inquiètent et démotivent plus qu'ils n'engagent.

Le manager enthousiaste adopte une tout autre attitude. Les descriptions faites par tous nos témoins concordent : le manager enthousiaste trouve toujours un bon côté aux choses et affiche un véritable plaisir de vivre et de travailler ensemble, qu'il communique à ses équipes.

Hervé parle de la nécessité « d'accroître la chaleur du management face à l'austérité des processus ». Cette chaleur du management se traduit en particulier par le rire et le sourire qui semblent faire partie du *happy management* comme le soulignent explicitement la plupart de nos témoins. Julie et Bernard décrivent des comportements vivants et chaleureux que le manager enthousiaste ne cherche visiblement pas à refréner. Pour Julie, son manager parle « haut » et rit. Selon Bernard, le manager enthousiaste exprime son enthousiasme par des mimiques, des rires, des sourires, de l'humour, des gestes à l'italienne. Il envoie des ondes positives autour de lui et induit plus d' « éclats de rire que de tête à l'envers ».

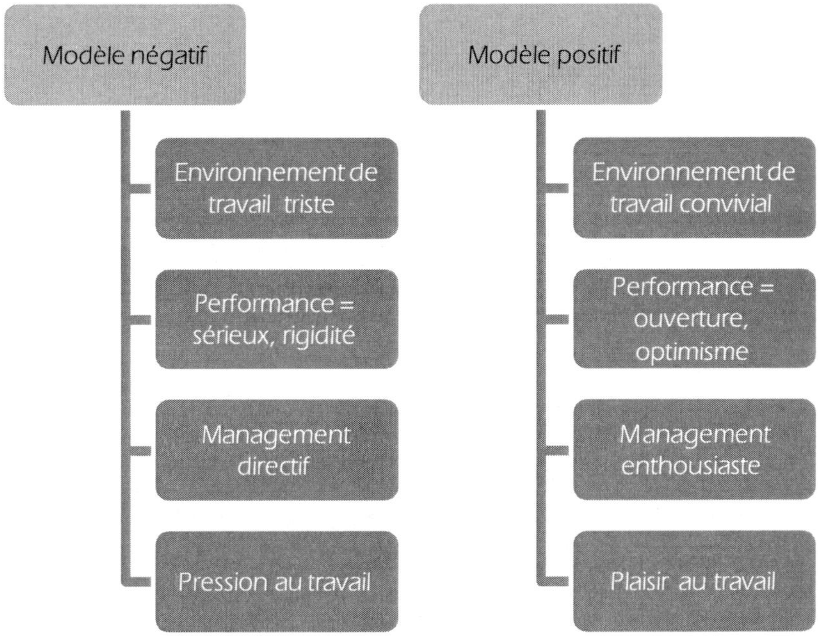

Figure 3.3 – Face à la crise deux modèles s'affrontent

Le résultat est là : les collaborateurs sont séduits et prennent du plaisir à travailler dans un tel environnement malgré les difficultés conjoncturelles et l'incertitude de l'avenir. Gérard résume cela par les mots suivants : « Voir un manager qui fait la tête, cela ne donne pas envie ; s'il sourit, cela change tout ». Citons en matière de relations humaines ces quatre témoignages : d'abord celui d'Hervé, « pour conserver l'engagement de ses collaborateurs, il devient indispensable d'accroître la chaleur du management face à l'austérité des processus » puis celui de Jean-Pierre, « mon premier maître d'apprentissage n'était pas un bon maître : il n'avait pas le respect de l'homme. J'ai ensuite eu la chance d'avoir des pères pour me guider, me transmettre des valeurs : bien faire, toujours bien faire, avoir le respect du client ». Ensuite, celui d'Étienne : « Les enthousiastes nous ont généralement marqués à vie en nous apportant bien plus que leurs connaissances. Ils nous ont transmis un savoir-être, des valeurs et… leur enthousiasme ! » Citons enfin Xavier : « S'il est angélique de penser que les individus donneront le meilleur d'eux-mêmes sans garantie d'être payés à leur juste valeur, il faut bien intégrer le fait que la seule rémunération ne suffit plus aujourd'hui aux jeunes générations qui veulent aussi donner un sens à leur engagement professionnel ».

La cohérence entre les discours et les actes

Le management par l'enthousiasme implique de faire adhérer à une vision, à une ambition partagée : « Faire adhérer à la vision est à la fois un exercice de vente, de communication, et un plaisir, visant à donner du sens à ses équipes, et à procurer chez elles le sentiment et la conviction que leur action en est pourvue (David) ». Quand l'ambition est réellement et sincèrement partagée, les décisions, les idées, les actions engagées par les équipes sont naturellement soutenues par les équipes elles-mêmes et le manager, car elles sont en alignement avec sa vision. Selon David : « Le soutien dans mes actions, mes idées et mes initiatives n'a jamais fait défaut, tant celles-ci étaient la plupart du temps l'expression même de la pensée de mon manager ». Fort d'une vision partagée, le manager peut laisser à ses équipes une grande liberté d'initiative et d'expression. Xavier va dans le même sens : « La raison d'être d'une entreprise est de rendre service aux clients, c'est ce qui la fait vivre et grandir et cette raison dépasse largement la recherche du profit. Essilor ne fabrique pas des verres, il améliore la vue et permet à chacun de regarder le monde ».

On constate chez les managers enthousiastes un besoin presque viscéral de cohérence entre les convictions et les actes. Les enthousiastes veulent aligner leurs actes sur leurs convictions, leurs attitudes et leurs comportements sur leurs valeurs personnelles et sont prêts pour cela à sacrifier leur poste si besoin, à renoncer à une mission s'ils ne peuvent la mener en respectant un certain nombre de règles personnelles qu'ils se sont fixées. Cette attitude fait également leur force : non soumis aux diktats des convenances professionnelles, ils peuvent s'engager pleinement dans leurs actions sans chercher à préserver leur image ou la suite de leur carrière. Citons Jean-François : « Le patron enthousiaste doit être crédible et cohérent, c'est-à-dire conforme aux messages ludiques et oniriques qu'il véhicule ».

Cette recherche de cohérence rejoint les attentes de la génération Y : celle-ci ne se considère pas enthousiaste de nature ; elle n'a pas connu de guerre (dans les pays développés) et vit dans une espèce d'insouciance, profitant du confort de la société moderne. Elle ne conçoit pas la vie uniquement autour du travail destiné à faire vivre sa famille : elle veut « vivre » pour elle-même, sans contrainte, libre d'être elle-même partout ; toujours connectée à ses réseaux, jour et nuit, ayant des « amis » tout autour de la terre. Il n'y pas plus vraiment de frontière entre le jour traditionnellement consacré au travail et la vie privée au-delà, plus véritablement de frontière entre vie professionnelle et vie privée, entre horaires professionnels et horaires privés dans la mesure où les connexions sont mondiales.

Une même finalité : le succès

Nous arrivons à la dernière ligne de force invariante du *happy management* telle qu'elle ressortait des témoignages. Elle n'est néanmoins, loin s'en faut, pas la moins importante car elle sous-tend toute l'action du manager enthousiaste en identifiant un de ses moteurs principaux, le but qui le fait avancer. « Plus j'avançais, plus les résultats étaient là et plus je prenais de plaisir à voir l'épanouissement de mes propres équipes » témoigne Gaëlle. Le manager enthousiaste n'attend pas de reconnaissance, il se nourrit des succès individuels et collectifs de son équipe, du bonheur qu'il irradie autour de lui. « L'enthousiasme est lié au bonheur de tous et à la liberté ; la performance dépend du bonheur de chacun » nous dit Jean-François.

Que ce soit l'artisan ou le professeur, il se nourrit de l'amour de son métier et sa satisfaction provient du bonheur de ses clients ou de la réussite de ses élèves. Reprenons les derniers mots de Bernard : « Manager est une aventure humaine passionnante, c'est vivre ensemble, faire quelque chose ensemble, essayer de faire bien, de contribuer positivement à la réussite de l'entreprise ».

LES CONDITIONS DE L'ENTHOUSIASME : QUE FAUT-IL POUR QUE CELA DÉMARRE ?

> « Prends feu avec enthousiasme et les gens viendront
> de loin pour te voir brûler ? »
> John Wesley

On a comparé dans le premier chapitre l'enthousiasme à une flamme qui habite l'enthousiaste et qui irradie ceux qui l'approchent. On a également dit qu'il était très difficile de décrire l'enthousiaste, mais que l'évidence s'imposait lorsqu'on le rencontrait : ce qui le distingue, c'est justement cette flamme qui le met en lumière.

Si l'on poursuit l'analogie du feu, pour que celui-ci démarre, il faut un combustible, un comburant et une étincelle. Le combustible et le comburant sont toujours naturellement présents dans l'entreprise : le combustible de l'entreprise n'est autre que l'homme et le comburant, sa raison sociale. Pour que l'enthousiasme naisse, pour que les hommes et les femmes de l'entreprise libèrent toute leur énergie et s'engagent sans limite pour un projet commun, l'étincelle reste nécessaire.

Les différentes expériences enthousiastes relatées ont mis en lumière plusieurs déclencheurs possibles. On a ainsi distingué trois origines possibles :

l'enthousiasme inné, l'enthousiasme reçu et l'enthousiasme issu de circonstances particulières souvent extraordinaires. Mais au-delà de ces étincelles, il apparaît que trois conditions doivent être réunies pour l'émergence d'un véritable management par l'enthousiasme durable :

- un manager enthousiaste ;
- un projet ou une idée autour duquel le manager enthousiaste va créer un véritable engouement d'équipe ;
- un environnement favorable qui n'éteigne pas le feu.

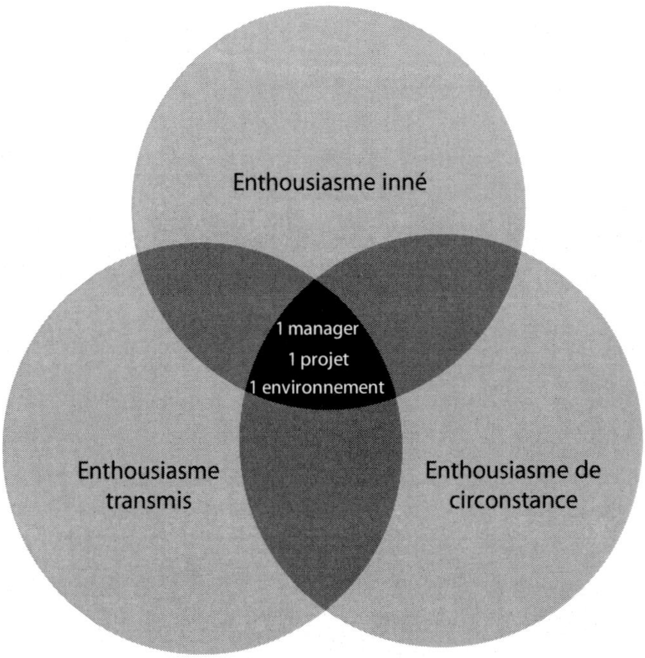

Figure 3.4 – Des déclencheurs du happy management

L'enthousiasme inné ou le premier enthousiaste

Pour Pierre-Marie, « la capacité à s'enthousiasmer fait partie intégrante de la nature humaine ».

À l'origine d'un management par l'enthousiasme, il y a toujours un enthousiaste. Celui-ci est doté d'une énergie considérable et naturelle qui lui permet de voir plus loin, d'imaginer des choses que les autres ne voient pas, de vouloir les atteindre. Robert présente l'enthousiasme de la façon suivante : « L'enthousiasme ne s'apprend pas ou ne s'acquiert pas à l'école. Il émerge d'une volonté de vivre, de créer, de rencontrer les autres.

Il révèle une certaine conception de la vie, une conviction que l'on ne peut être heureux seul à optimiser son propre monde et à vouloir y vivre pour soi ».

L'enthousiasme, c'est partager la même passion avec les gens qui vous entourent, la passion pour le métier. C'est bien sûr plus facile quand on gagne que quand on perd mais la passion et le partage permettent de surmonter les crises. Ils donnent du sens à l'action et développent un sentiment d'appartenance très fort à une communauté ».

Mais l'enthousiasme ne fait pas nécessairement le manager enthousiaste, tous ne sont pas capables de manager une équipe, ne le souhaitent pas toujours et préfèrent rester partie prenante du projet sans en être le leader ou apporter tout leur soutien de l'extérieur, tel un inventeur génial. D'autres sont capables de s'enflammer pour une idée, un projet qui ne vient pas d'eux-mêmes, ils sont enthousiastes à la seule idée de participer à de grandes choses en équipe, veulent toujours plus. Ils sont enthousiastes dans l'action. Ils sont capables en entreprise, quelle que soit la mission qui leur est confiée de la transformer en projet extraordinaire. Ceux-là, qu'ils soient porteurs ou non de l'idée initiale, seront le premier maillon du *happy management* en tant que manager. Placés à la tête d'une équipe, ils l'entraîneront le plus loin possible, partageant avec elle leur énergie, leur envie de réussir, de dépasser les obstacles et d'atteindre ce qui semblait impossible au départ.

L'enthousiasme transmis

L'enthousiaste inné est doté d'une énergie considérable et naturelle mais il ne peut la garder pour lui ; c'est dans sa nature même de la partager. Et en la partageant, il va ranimer l'enthousiasme présent à la naissance dans chaque individu, enthousiasme qui explose dans les premières années de la vie et permet un apprentissage rapide de toutes les choses. Néanmoins, si l'enthousiasme est présent en chacun de nous à la naissance, chacun ne le cultive pas et beaucoup l'enfouissent à l'âge adulte plus ou moins profondément de telle sorte qu'il ne rayonne plus. Honoré de Balzac disait même : « L'homme meurt une première fois à l'âge où il perd l'enthousiasme ». Nous sommes plus optimistes et sommes convaincus que de nouvelles graines d'enthousiasme sont prêtes à germer à tout âge de la vie. Étienne nous confie : « J'ai eu la chance d'avoir des parents enseignants et enthousiastes ; ce sont eux qui m'ont communiqué l'amour du métier et m'ont donné envie d'en faire le mien ».

Le manager enthousiaste est contagieux par sa manière d'être tout simplement, il entraîne, il embarque, se nourrit du mouvement des autres. David Hansen disait dans son *témoignage* : « S'épanouir aux côtés d'un manager enthousiaste, c'est donc, à mon sens, avant tout l'histoire d'une rencontre. Ce qui était enthousiasmant, je crois, c'était notre collaboration. Autrement dit, je ne crois pas qu'un manager puisse être enthousiaste seul (ou alors pas très longtemps) : il lui faut une ou plusieurs personnes chez qui cet enthousiasme fait écho ».

Hervé témoigne : « L'enthousiasme est fatigant : on ne peut porter le feu longtemps tout seul, cela ne marche que si l'on trouve des relais d'étincelles. Il ne faut jamais préjuger de sa capacité personnelle et l'enthousiaste ne peut durablement être enthousiaste qu'à plusieurs ; l'enthousiasme est viral, cela se transmet ! ».

Et Gérard poursuit : « Il faut trouver dans la vie les bons catalyseurs, ceux qui allument votre propre enthousiasme. On peut être « éteint » à un moment à cause d'un contexte difficile, mais si on trouve une allumette, la petite flamme repart et on peut aussi la transmettre aux autres. Il faut trouver des personnes qui croient en vous » et Nadège complète : « L'enthousiasme s'auto nourrit et se multiplie : une fois la graine d'enthousiasme semée chez les autres, elle pourra grandir même chez les moins optimistes ! »

L'enthousiasme de circonstance

D'autres éléments peuvent faire surgir ponctuellement l'enthousiasme ou le booster ; nos différentes rencontres nous ont permis d'identifier plusieurs situations d'entreprises qui ont transformé l'esprit d'équipe et fait émerger quasi spontanément sans réflexion un management enthousiaste, collectif et extrêmement gratifiant malgré des contextes parfois particulièrement douloureux :

- des situations de crises financières ou logistiques ;
- des situations d'urgence mettant parfois en cause des vies humaines ;
- des situations inconnues ;
- des opportunités majeures.

Il y a un point commun à toutes ces situations : de leur issue positive ou négative dépendait l'avenir de leur entreprise ou de leur équipe ou de quelques individus. Robert parle d'une situation « où, pour survivre, il fallait licencier 35 % des effectifs. Difficile d'envisager l'enthousiasme dans une situation pareille ! La clé réside dans le respect des personnes et des cultures ».

Placée dans ces circonstances extraordinaires où les procédures habituelles de l'entreprise ne sont plus applicables où aucune procédure d'urgence n'est adaptée, l'équipe doit réagir différemment, elle doit réussir à sortir de la crise quelle qu'elle soit. Ainsi investies d'une mission de quasi-survie, les équipes abolissent tout ce qui en général les ennuient, vont droit au but ; la peur les amène à se rapprocher, à se confier et crée ainsi de nouveaux liens humains qui font le ciment de l'équipe. Ce sont ces situations extraordinaires où des gens ordinaires ont l'opportunité de se dépasser, de réaliser des exploits, de marquer l'histoire.

L'inconnu, comme le mentionne Antoine, est également un facteur d'excitation supplémentaire de l'enthousiasme comme la découverte reste l'intérêt essentiel des voyages.

Enfin, il existe aussi des situations exceptionnelles plus positives comme la recherche de l'obtention d'un contrat fabuleux qui donnera à l'entreprise l'assurance de plusieurs années de tranquillité financière. Cette situation ressemble à celle d'une compétition sportive où seule la première place n'a d'intérêt. L'émulation entre les équipes renforce la cohésion de chaque équipe, facteur déterminant du *happy management*.

Mais si le management par l'enthousiasme n'a d'intérêt que s'il s'inscrit dans la continuité de l'action de l'entreprise au jour le jour ; il ne peut se limiter aux seules situations extraordinaires. Néanmoins, ces situations peuvent servir de déclencheur : confrontés à une expérience réelle d'un management différent, où l'équipe unie par des enjeux presque vitaux a su se dépasser, dégager une énergie nouvelle, l'entreprise et ses managers pourront en tirer des leçons et laisser « l'enthousiasme positif » prendre le relais sur l'enthousiasme de crise pour le plus grand bonheur des salariés.

Il arrive cependant malheureusement que le feu s'éteigne : Mélanie nous en donne un exemple qui n'est *a priori* pas isolé. Après une expérience réussie qui a fait des collaborateurs engagés et heureux de leurs nouveaux espaces de liberté, heureux de la reconnaissance dont ils bénéficiaient, l'arrivée d'un nouveau manager ou le retour à une situation normale peut tout faire basculer avec le retour aux modes de management traditionnels. S'engager dans un management par l'enthousiasme demande de la cohérence dans le temps et suscite des attentes de la part des collaborateurs qu'on ne peut pas décevoir deux fois.

Une autre circonstance où le feu peut s'éteindre nous est donnée par Xavier qui relie la perte d'enthousiasme à l'image dévalorisée que l'on donne parfois à l'entreprise ; c'est souvent une image dévalorisante qui enlève tout enthousiasme aux jeunes entrepreneurs : « le terreau n'est en tout cas pas favorable à l'enthousiasme, l'exil des jeunes qui a fortement repris en est une preuve tangible ».

LES FREINS ET LES LIMITES À L'ENTHOUSIASME : CE QUI PEUT AFFAIBLIR OU ÉTEINDRE LA FLAMME ?

« Le succès, c'est d'aller d'échec en échec
sans perdre son enthousiasme. »
Winston Churchill

Les freins au management par l'enthousiasme sont nombreux. Certains sont conscients, d'autres sont inconscients. Ils intègrent en particulier tous les *a priori* sur un management ouvert et optimiste aux antipodes du management traditionnel sérieux et « descendant ». Lever ces freins revient en quelque sorte à lever les peurs de faire autrement.

Choisir le management par l'enthousiasme dans une entreprise qui ne le pratique pas, c'est accepter de surprendre autant ses propres managers que ses équipes au risque de les déstabiliser.

Cela ne fait pas peur au manager spontanément enthousiaste qui ne conçoit pas d'autres façons de manager et qui affronte, sans aucun doute sur la pertinence de son comportement, les difficultés inhérentes à ce type de management. David insiste sur la confiance inébranlable dont faisaient preuve tous ses patrons enthousiastes. Cela ne les a pas empêché de connaître des revers mais cela n'a jamais altéré leur enthousiasme.

Pour le manager qui s'engage pour la première fois dans un tel management après parfois de nombreuses années d'expérience managériale où il s'est glissé, sans toujours en avoir conscience, dans les habits du manager traditionnel, cela suppose de surmonter des peurs, de décider de changer ses attitudes, ses relations aux autres tout en gardant son authenticité.

Il s'agit de s'ouvrir aux autres, de s'intéresser aux personnes avec sincérité, autant qu'aux chiffres et aux procédures.

Nous évoquons dans ce chapitre autant les motifs de peur de la différence que les difficultés d'un tel management et qui sont autant de freins à son déploiement.

Nous avons ainsi identifié sept types de frein à l'enthousiasme :

– l'image que nous avons du manager traditionnel ;
– la formation des élites françaises ;
– l'environnement structurel et économique de l'entreprise ;
– le carriérisme légitime ;
– la peur de perdre le contrôle, la peur de l'inconnu ;
– les moments de solitude ;
– le temps et l'excès d'enthousiasme.

L'image que nous avons du manager traditionnel

Un certain nombre de nos témoins évoquent la difficulté de ne pas ressembler au manager traditionnel. Ils évoquent cette image présente dans tous les esprits et dans l'imaginaire collectif portée par la littérature classique et les manuels scolaires. C'est au regard de cette image que sont généralement évalués les managers dans l'entreprise. David s'étonne du fait que la plupart des évaluations des managers n'inclut absolument pas la prise en compte de l'avis des collaborateurs, pourtant principale partie prenante de la qualité managériale. Si la satisfaction des clients est l'indicateur clé de la performance commerciale, le niveau d'engagement d'une équipe ne fait pas souvent partie des critères d'évaluation du manager, sans doute parce que sa mesure est difficile. Christophe nous dit que : « le management enthousiaste est hors norme ; c'est déstabilisant car il n'y a pas de repères extérieurs ! »

Revenons à cette image du manager traditionnel qui transforme parfois les managers enthousiastes en vilains petits canards. Rappelons que le vilain petit canard se transforme dans l'histoire en magnifique cygne blanc ! Si les managers enthousiastes l'évoquent, c'est qu'elle leur est trop souvent renvoyée à la figure et qu'ils s'en indignent. Gaëlle nous dit : « Pourquoi faudrait-il qu'avec le temps, il faille à chacun prendre un masque de tristesse pour paraître plus sérieux ou plus compétent dans la sphère professionnelle ? » Exaspérée par le port de l'uniforme du manager tacitement imposé, elle raconte : « Par amusement ou par provocation, j'ai usé et sûrement abusé de cet enthousiasme, de ce détachement par rapport aux conventions attachées au statut de chef ». Bernard, de son côté, évoque une réflexion qui l'a marquée au point de la rappeler trente ans après : « L'enthousiasme c'est pas le style de la maison ! » et soutient qu'un manager enthousiaste est condamné au succès sans lequel il recevra le qualificatif d'« emmerdeur ». Enfin, citons encore David qui nous dit : « Ce qui pour moi relevait de la force de conviction, de l'énergie créatrice et de l'entraînement des équipes, était pour d'autres de l'excitation, de la frivolité, du manque de sérieux… bref un comportement indigne d'un manager. »

La formation des élites françaises

En France, les managers sont la plupart du temps issus des grandes écoles d'ingénieurs, des grandes écoles commerciales ou de la prestigieuse École nationale de l'administration. Ils ont tous été formés de manière analogue dans des cursus très élitistes, largement dominés par les mathématiques. Ils ont dû en permanence faire leurs preuves au travers de concours, être notés, démontrer qu'ils étaient les meilleurs. Le diplôme qui a sanctionné leur parcours exemplaire sera tout au long de leur vie professionnelle la référence essentielle pour attester de leur valeur, même plusieurs décennies d'expérience professionnelle plus tard. Après une telle formation très individualiste, largement basée sur l'acquisition de connaissances plus ou moins utiles, il n'est pas étonnant que le manager français, encouragé par le système dans son ensemble, continue de se considérer comme le meilleur, comme celui qui sait et cherche en permanence à le montrer. Il assoit sa légitimité sur ses compétences techniques, sur la conviction qu'il sait mieux faire que ses subordonnés les tâches qu'il leur confie et que c'est pour cela qu'il est leur chef. C'est pourquoi dans une attitude qui n'est pas nécessairement intimidante ou autoritaire, qui peut même être souvent bienveillante, il veille à toujours bien encadrer ses équipes : il donne des objectifs chiffrés, clairs et précis, indique la marche à suivre pour atteindre les résultats et contrôle la mise en œuvre. À l'image de la discipline que sa formation initiale lui a apprise, il manage de façon très mécanique, s'appuyant sur des chiffres, de multiples *reportings* qu'il analyse en permanence et qui lui dicte ses actions. Bernard parle de « leader chiffres » par opposition au « leadership ». Un tel management, même si la description ci dessus est certes un peu caricaturale, est bien loin du management par l'enthousiasme décrit dans les différents témoignages précédents. À ce sujet, citons Pierre-Marie : « Il faut faire évoluer les cursus de formation qui contribuent à propager cette vision purement mécaniste et financière de l'entreprise ». Sans doute faut-il apprendre aux managers à développer, au-delà de leur approche rationnelle, un côté émotionnel qui peut toucher leurs collaborateurs.

Le management par l'enthousiasme développe de plus une approche très collective alors que comme le rappelle Gaëlle, l'éducation française très élitiste ne valorise pas le travail en groupe. « Faire partie d'une équipe, c'est prendre le risque du regard des autres sur votre contribution au résultat, c'est également accepter de renoncer à la propriété intégrale des résultats, accepter les différences pour le bien commun ». Le passage d'une classe à une autre, surtout dans les classes supérieures, et *a fortiori* le système des concours, sont la manifestation la plus éclairante d'une image sociale de la compétence uniquement basée sur la performance individuelle. Au niveau des classes préparatoires, imaginons un système uniquement basée sur des projets collectifs même au niveau des concours ; il déstabiliserait totalement l'image sociale de l'élitisme intellectuel fondé non seulement sur le classement des étudiants mais aussi sur celui des Grandes Écoles avec pour conséquence une corrélation presque toujours vérifiée entre la position des dirigeants d'entreprises et leur École d'origine. Imaginons un instant qu'une épreuve de capacité à l'enthousiasme soit instaurée, le classement des étudiants à l'entrée d'une École comme à la sortie en serait singulièrement perturbé et pourtant, tout au long de cet ouvrage, nous avons plaidé pour l'importance de cette valeur clé chez les dirigeants ! D'autres systèmes éducatifs étrangers semblent plus aptes à valoriser cette qualité chez les élites et à rendre le système sélectif moins individualiste.

Pourtant, comme en témoigne l'expérience de l'enseignement militaire décrite par Antoine, le cadre des études est un terrain propice et incontournable pour insuffler et développer l'enthousiasme. Terminons par cette citation de Sébastien : « Après avoir appliqué ce que l'on m'a appris en école d'ingénieurs et suite à mes premières expériences professionnelles, j'ai décidé de changer mon mode de management ! »

L'environnement économique, structurel et culturel de l'entreprise

La situation économique de l'entreprise n'est pas toujours propice à l'enthousiasme. Comme le soulignait dans son témoignage Bernard, il est plus facile à un général américain de manager avec enthousiasme en 1944 à l'entrée de Paris que sur les plages du débarquement. Il est plus facile de manager avec enthousiasme lorsque l'entreprise est en pleine croissance que lorsqu'elle doit affronter de graves difficultés ; plus facile de rire et de faire la fête quand personne ne risque de perdre son emploi, plus facile de se réjouir de succès quand il ne manque personne au rassemblement. Et quand le manager lui-même se sent menacé, il ne lui est pas facile de choisir une voie qui comporte de nombreux risques. Hervé aborde également une situation importante, celle où le manager a un dilemme de conscience : il sait que l'entreprise est menacée mais il ne peut en faire part à ses collaborateurs qui ont pourtant mis leur confiance en lui : doit-il continuer à tromper par omission, à manipuler ou faut-il aller jusqu'à démissionner ?

Néanmoins, une analyse plus profonde des mécanismes du management par l'enthousiasme montre une réalité plus nuancée : si effectivement les équipes peuvent être minées par de mauvais résultats, par la perte de contrats, qui se traduisent généralement par des gels de salaires, des primes réduites, elles n'en sont pas moins dans l'expectative de meilleurs lendemains, elles ont beaucoup moins à perdre que des équipes déjà au maximum de leurs résultats possibles et beaucoup plus à gagner. L'énergie potentielle qu'elles recèlent est par là beaucoup plus grande. Ce sont dans les moments les plus difficiles que se révèlent les grands hommes et les grandes équipes. Aussi, s'il sera plus difficile pour le manager de construire une vision positive et de proposer une voie crédible, s'il lui sera également plus difficile de déclencher les moteurs de l'enthousiasme auprès d'équipes inquiètes, affaiblies ou démobilisées, la mobilisation sera alors beaucoup plus active et performante. Ce phénomène peut être assimilable à celui d'une révolution populaire qui ne prend en masse que lorsque les pauvres n'ont vraiment plus rien à manger.

Un autre aspect de l'environnement peut être un frein encore bien plus efficace à l'enthousiasme : la culture de l'entreprise, ses codes et ses procédures. Bernard se souvient de son expérience, il y a trente ans chez un constructeur automobile : « Ce n'était pas le style de la maison ! Pas d'enthousiasme, sauf pour concevoir des voitures géniales mais parfois invendables ! »

Certaines entreprises développent des organisations extrêmement centralisées avec des systèmes de *reportings* croisés, complexes, pour suivre de manière chiffrée l'activité de toutes les équipes : vous devez renvoyer régulièrement des tableaux de bord pour l'activité de votre équipe mais certains de vos n-1 doivent également rendre des comptes à d'autres responsables de métier ou de fonction transversale. Chaque manager face à ces contrôles omniprésents cherchera à maximiser les indicateurs qu'il sait important aux yeux de son propre manager et développera des plans d'actions appropriés. Son comportement se trouvera asservi au respect d'indicateurs chiffrés. Mais il devra également intégrer les plans d'actions des directions transverses elles-mêmes soumises aux mêmes pratiques. Difficile dans ces conditions de construire un véritable projet d'équipe enthousiaste où chacun pourra exprimer tout son potentiel. Le champ d'action de chacun est nécessairement limité par le respect d'un certain nombre de jalons chiffrés fixés par l'organisation centrale. Sur ce point, Hervé nous prévient : « À ces jeunes structurés par les nouvelles technologies et par le pouvoir des réseaux, on ne pourra plus leur imposer n'importe quoi ! »

De même, chaque entreprise se dote généralement d'une grille d'évaluation de ses managers sur des critères qui peuvent varier selon la culture de l'entreprise. Les compétences comportementales sont rarement codifiées mais peuvent l'être et l'enthousiasme, comme l'éléphant, n'entrant dans aucune case, ne peut être valorisé. Au mieux, le manager enthousiaste sera reconnu pour sa capacité à développer ses équipes mais il lui sera reproché une orientation vers des résultats trop faibles, les résultats recherchés ne pouvant être dans cette situation que les résultats mesurables à court terme, c'est-à-dire l'optimisation des indicateurs de performance analysés sans perspective. Ces évaluations guident ensuite l'entreprise dans ses choix de gratifications salariales et de promotion ; alors, quand les critères mis en avant ne laissent pas de place à l'enthousiasme, ils deviennent un frein majeur au développement de l'enthousiasme dans le management.

Le carriérisme légitime

Il est légitime dans une entreprise de vouloir faire une belle carrière, d'aller le plus haut possible dans la hiérarchie, de vouloir occuper tel ou tel poste si l'on en a la compétence. Les processus de construction des carrières dans les entreprises et les administrations, les choix de successions relèvent en apparence, en tout cas dans les entreprises qui se disent bien gérées, de procédures objectives et efficaces qui cherchent, en évitant tout biais, à mettre les personnes les plus compétentes à chaque poste et visent dans le jargon des directions de ressources humaines la meilleure adéquation homme-poste. Sont également généralement prises en compte dans ce processus des considérations de cursus de développement d'un futur dirigeant (intégrant par exemple des passages obligés à l'international ou une alternance poste fonctionnel, poste opérationnel).

Interviennent dans ce processus, différentes étapes comme l'évaluation individuelle évoquée dans le paragraphe précédent qui peut être un premier frein à l'enthousiasme dans le management. Comme le dit Julie : « Certains ne fonctionnent que pour la reconnaissance de leur propre responsable ». Mais cette évaluation individuelle formelle est loin d'être le frein principal. Dans la réalité, le processus repose à la fin, pour chaque décision, d'allocation d'un poste à un candidat, sur un choix personnel du dirigeant ou d'un comité de dirigeants pas sur celui de ses collaborateurs.

Le manager enthousiaste fait rarement l'unanimité. S'il a généralement l'adhésion d'une majeure partie de ses équipes et des dirigeants de l'entreprise qui saluent ses résultats et son engagement personnel, il divise parfois. Ne répondant pas à la représentation traditionnelle du manager, il peut faire peur car il peut apparaître assez imprévisible, difficile à gérer pour son propre manager.

Aussi, quand vient l'heure des choix, entre un manager enthousiaste, engagé et doté visiblement d'un grand potentiel, et un manager certes un peu moins performant mais tellement plus prévisible, plus en ligne avec l'image attendue d'un patron, ce n'est pas toujours la performance qui prime : les décideurs s'orienteront plus facilement vers celui qui leur ressemble. Le manager enthousiaste devra enthousiasmer son futur chef, s'il veut être choisi, ce qui, nous l'avons vu, est nettement plus délicat et pourtant comme le dit Gaëlle : « Le titre n'a jamais fait la compétence. »

La peur de perdre le contrôle, la peur de l'inconnu

Le management par l'enthousiasme vise en quelque sorte la mobilisation de l'intelligence collective pour faire émerger des idées et solutions innovantes, pour aller plus loin, plus haut. Cela implique pour le manager de laisser à son équipe une certaine liberté d'expression et de créativité et de lui permettre d'explorer de nouvelles voies. Le manager n'impose pas sa solution, convaincu que les compétences collectives et l'esprit d'initiative de chacun pourront emmener l'équipe plus loin. En adoptant une telle attitude, il s'expose à des débats d'idées et accepte une part d'inconnu et d'incertitude sur l'issue du travail collectif. Il ne contrôle plus tout.

Aussi, ce risque de perdre le contrôle sur son équipe, le risque d'emprunter des chemins inconnus, la peur de ne pas aboutir, peuvent faire hésiter le manager à s'engager sur la voie de l'enthousiasme car cette voie est effectivement difficile.

Ce n'est pas parce que vous invitez vos collaborateurs à s'exprimer qu'ils le feront, qu'ils laisseront effectivement le champ libre à leur imagination, car eux aussi auront peur, peur d'exposer leurs propositions aux critiques mêmes positives de leurs collègues et de leur chef, peur d'assumer la responsabilité de leurs initiatives.

Et quand vous essayez de rassurer votre équipe en leur disant qu'ils ne sont pas seuls face au challenge, qu'ils font partie d'une équipe qui assumera ensemble l'exécution des solutions retenues collectivement, l'inquiétude face à l'inconnu grandit encore. En effet, rappelons ce que nous avons déjà évoqué au sujet de l'éducation française : très élitiste, elle favorise des comportements individualistes et n'enseigne que très peu le travail en groupe. « Faire partie d'une équipe, c'est prendre le risque du regard des autres sur votre contribution au résultat, c'est également accepter de renoncer à la propriété intégrale des résultats, accepter les différences pour le bien commun. » Hervé nous demande : « Comment faire briller les yeux des personnes qui ne savent pas où elles vont, qui vivent dans l'incertitude absolue de l'avenir ? »

Les moments de solitude

La plupart des témoignages que nous avons recueillis évoquent la solitude du manager enthousiaste à un moment donné. Souvent à contre-courant, il se heurte à beaucoup d'incompréhension. Si la transmission de l'enthousiasme se fait naturellement auprès de ses équipes que l'on emmène vers des réalisations extraordinaires, il n'est pas toujours facile d'enthousiasmer son chef et le temps nécessaire à l'obtention des premiers résultats tangibles d'un management par l'enthousiasme est souvent plus long que celui laissé au manager pour « faire ses preuves ». Aussi le manager enthousiaste doit souvent jongler entre le mode de management auquel il est attaché et celui qui est attendu de lui pour conserver son poste et pouvoir poursuivre son action. Non seulement, il ne trouve pas toujours dans sa hiérarchie de quoi nourrir son enthousiasme, mais il subit des pressions pour revenir à des postures plus académiques.

Aussi, si le temps de la solitude devient trop long, si la reconnaissance de l'équipe ne lui suffit plus, le manager enthousiaste finira par abandonner son combat de guerre lasse et quittera l'entreprise. David et Hervé s'accordent à dire que « le manager ne peut être enthousiaste seul, il a besoin de transférer, de partager son enthousiasme sinon il se tarit ». « Sans public, il quitte les lieux pour aller poser ses valises ailleurs ». Hervé explique : « L'enthousiasme est fatigant, on ne peut porter le feu longtemps tout seul, cela ne marche que si l'on trouve des relais d'étincelles ».

Malheureusement, les conséquences pour l'entreprise d'un tel départ dépassent largement la perte d'un seul manager enthousiaste. Pour les sceptiques, cela ne sera que la confirmation que le management par l'enthousiaste ne marche pas. Pour ceux qui auraient pu se lancer, ils n'y verront pas l'échec d'un tel management en tant que tel mais l'incapacité de l'entreprise à lui faire une place et en recueillir les bénéfices. Aussi, plus aucun manager ne prendra le risque de s'y essayer.

Le temps et l'excès d'enthousiasme

En complément des freins évoqués précédemment, ce dernier paragraphe évoque deux limites du management par l'enthousiasme, limites que nos témoins ont souvent expérimentées à un moment ou à un autre de leur vie professionnelle : le temps nécessaire à ce type de management pour délivrer toute sa puissance et ainsi convaincre et les risques d'un trop grand enthousiasme que l'on ne contrôle plus.

Il faut du temps au happy management pour délivrer toute sa puissance

Le management par l'enthousiasme n'a de sens que dans la durée. Comme le souligne Mélanie, s'engager dans un management par l'enthousiasme demande du temps et de la constance. Le temps est nécessaire à la construction de la vision commune, à l'acquisition de nouvelles compétences, à la mise en œuvre de nouveaux comportements collectifs, à la délivrance du potentiel de chacun. Les liens humains qui font la solidité de l'équipe et lui permettent d'aller vers le succès ne se construisent pas en un jour. Comme disait le renard dans *Le Petit Prince*, il faut être patient mais « si tu m'apprivoises, ma vie sera comme ensoleillée ! » Le processus décrit dans le roman d'Antoine de Saint Exupéry est le même que celui de la construction de la confiance dans une équipe. Mais aujourd'hui, avec les nouvelles technologies, avec les mails qui, envoyés à toute heure du jour et de la nuit, attendent des réponses immédiates, avec internet qui gomme toute notion d'horaires, le monde semble s'être accéléré et semble même parfois s'emballer. L'entreprise et surtout les marchés financiers veulent des résultats rapides ; ils n'acceptent que très rarement d'attendre et ont du mal à croire à des promesses d'avenir ensoleillé. Le temps ne joue pas en faveur du management par l'enthousiasme. Citons Mélanie : « Manager par l'enthousiasme demande de la cohérence dans le temps et suscite des attentes de la part des collaborateurs qu'on ne peut décevoir deux fois ! ». Étienne poursuit : « Il faut se nourrir de reconnaissance discrète ; les applaudissements sont rares nous ne sommes pas des artistes ». Pour Pierre-Marie : « Plus remarquables sont la constance, la persévérance dans l'enthousiasme. C'est la marque de ceux qui s'engagent durablement dans une relation au service d'une cause à laquelle ils croient profondément ».

Et pourtant, il faut résister à ces pressions modernes, entretenir le feu avant l'obtention des premiers résultats, assurer une constance dans le management n'est pas facile mais ce n'est qu'à cette condition que le management par l'enthousiasme délivrera toute sa puissance. On peut alors se heurter à un phénomène de fatigue, de lassitude : « On ne peut porter longtemps le feu tout seul » (Hervé). Xavier, quant à lui, pense que « l'enthousiasme peut, à un moment donné, permettre de réaliser quelque chose de grand, voire d'exceptionnel, mais ne s'inscrira dans la durée qu'au travers de la notion plus pérenne de confiance ».

L'excès d'enthousiasme peut conduire à des décisions risquées

Les managers enthousiastes s'exposent régulièrement à un danger qu'ils ne voient généralement pas s'approcher. Ils peuvent parfois se laisser emporter par la flamme qui les habite et perdre une part de leur capacité de discernement. Loïc parle de cas rencontrés où « l'enthousiasme mène à un aveuglement tel des problèmes que les objectifs n'ont pu être atteints ». Nous l'avons dit dans la première partie, le manager enthousiaste n'est pas un illuminé ; habité par l'inspiration et la lumière, il se caractérise au contraire par une grande capacité de contrôle pour garder le cap, convaincre et donner confiance. Il sait prendre le recul nécessaire pour ne pas se laisser aveugler par le feu quand ses équipes gonflées par l'enthousiasme collectif déplacent des montagnes. Néanmoins, il n'est pas infaillible et ne connaît pas ses limites ; fort de sa confiance, il peut parfois entraîner ses équipes trop loin. Antoine témoigne : « J'ai voulu un jour à tout prix poursuivre une mission par enthousiasme excessif, faisant prendre des risques injustifiés à mon équipe. Mon enthousiasme m'a privé d'une décision sage qui aurait pu éviter un incident aérien ».

Éric le dit avec ses mots : « Le danger majeur est de ne plus voir les menaces, d'être dans l'incapacité d'envisager le pire et d'être aveugle face aux dangers. C'est l'overdose d'enthousiasme ! » Et il donne un remède : « S'assurer de disposer toujours dans son équipe proche d'un chapeau noir » ! Cependant Étienne atténue ces propos : « L'excès d'enthousiasme peut être un peu ridicule mais bizarrement ce ridicule ne tue pas ».

En conclusion, rien ne nous semble plus évident que d'investir personnellement et émotionnellement dans un management par l'enthousiasme, source de motivation pour les équipes. Autour d'un projet, ce management raisonné rassemble et initialise de véritables synergies du succès.

4

LE HAPPY MANAGEMENT ET LA GESTION DE L'ENTREPRISE : COMMENT INSTAURER UN MANAGEMENT PAR L'ENTHOUSIASME ?

« Rien ne se fait sans un peu d'enthousiasme. »
Voltaire

« L'enthousiasme est à la base de tout progrès. »
Henry Ford

Ce dernier chapitre se veut plus proche des préoccupations du terrain. Sur la base des leçons tirées des entretiens, elle montre comment l'enthousiasme s'exprime dans les quatre dimensions majeures de l'entreprise :

– Le modèle de management.
– La stratégie et le développement durable de l'entreprise.
– Le choix des hommes
– L'excellence opérationnelle.

La première partie nous sert à positionner l'enthousiasme au cœur du modèle de l'entreprise : la place de l'homme, la notion de vision à définir et à partager et la nécessité de les transposer dans un modèle de management transversal. La deuxième partie prolongera cette réflexion en montrant comment l'enthousiasme peut contribuer à l'ambition et à la pertinence de la stratégie de long terme de l'entreprise, celle qui préfigure l'entreprise de demain.

Dans les deux dernières parties, nous montrons comment concrètement, le *happy management* se traduit dans le processus de recrutement et ce qu'il peut apporter dans la recherche de l'excellence opérationnelle ou dans la mise en œuvre du *lean management*, largement répandu dans les entreprises industrielles aujourd'hui.

Cette partie donne notre vision de l'entreprise de demain et met l'accent sur les hommes et les femmes et les valeurs qu'ils partagent. Des exemples réels permettent d'illustrer comment les compétences des managers enthousiastes ouvrent de nouveaux horizons dans le monde de l'entreprise, au travers notamment de la grande liberté d'entreprendre donnée aux équipes qui le souhaitent.

L'ENTHOUSIASME AU CŒUR DU MODÈLE DE MANAGEMENT DE L'ENTREPRISE

Remettre l'homme au cœur de l'entreprise

Toutes les entreprises ou organisations n'ont pas la même vision du manager : beaucoup attendent de lui qu'il mette en œuvre de façon rigoureuse et cohérente des processus, qu'il soit le garant du respect des modes de fonctionnement de l'entreprise (*reporting*, gestion des ressources humaines...), enfin qu'il coache ses équipes sur les compétences managériales demandées, à savoir coacher à leur tour leurs subordonnées à la mise en œuvre sans faille des mêmes méthodes. Cette vision repose sur la conviction que les méthodes et les processus bien éprouvés mènent systématiquement au résultat, que les principales qualités du manager devront être la rigueur et la discipline dans l'application des standards et des méthodes. Dans ce cadre-là, on ne recherche pas véritablement de manager « leader » mais plutôt de simples managers et l'enthousiasme n'a tout simplement pas sa place.

La colonne vertébrale du management traditionnel repose sur l'application de standards, de méthodes, sur le respect de modalités de travail établies. Elle passe par l'établissement d'une stratégie par le dirigeant, la déclinaison de plans d'actions établis par les différentes strates successives de la pyramide hiérarchique et la fixation d'objectifs annuels pour chaque salarié. L'évaluation de l'atteinte de ces objectifs pourra ensuite donner lieu au versement de primes ou à un avancement ultérieur.

Le *happy management* attachera de son côté beaucoup plus d'importance à une vision globale, ambitieuse et attrayante. Il recherchera non pas l'atteinte des résultats mais leur dépassement, ne fixera pas de limite mais des seuils à dépasser. Il ne s'enfermera pas dans le seul respect des règles et des procédures, il mettra les hommes au cœur de son action, leur donnera l'espace nécessaire à leur expression et leur épanouissement, cherchera leur développement personnel pour, qu'à leur tour, ils puissent apporter plus que ce qui était initialement attendu. L'enthousiasme est un moteur puissant de libération des énergies individuelles pour le bénéfice d'un rêve partagé. Par sa seule façon d'être, il donne envie aux équipes de le suivre. Dans une telle dynamique qui néanmoins prend du temps à mettre en place et en mouvement, les résultats dépassent toujours les objectifs raisonnablement établis.

La figure suivante illustre de manière volontairement simplifiée les principales différences entre un mode de management traditionnel par objectifs et un mode de management par l'enthousiasme, plaçant les hommes au cœur de la création de valeur. D'un côté, les moteurs de la performance sont portés par des outils, la définition des modes de fonctionnement, la fixation d'objectifs et les procédures associées de contrôle ; les hommes ayant les yeux rivés sur leurs indicateurs qu'ils cherchent à maximiser. De l'autre, la performance est portée par les hommes et leur capacité à se dépasser. Ils sont entraînés dans une dynamique positive par leur chef, ils n'ont pas de limite dans la création de valeur et partagent des rêves plus ou moins fous, selon la culture de l'entreprise.

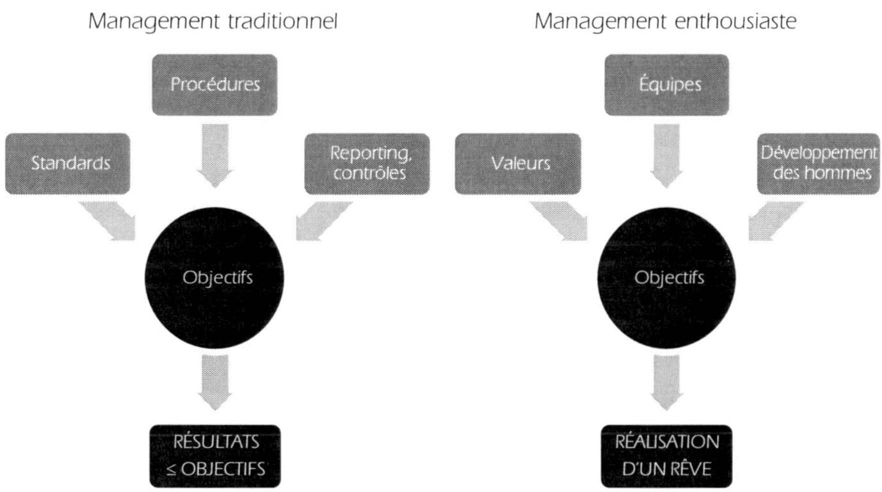

Figure 4.1 – Deux types de management : traditionnel et enthousiaste

La principale différence entre les deux types de management ne réside pas dans l'existence ou non de procédures internes, de *reporting* et de leur application, mais plutôt dans la place qu'on leur donne, dans l'importance qu'ils occupent. Car en effet, seules quelques très rares entreprises, telle Favi, ont su supprimer tout *reporting*, fonctions support, procédures de fixation d'objectifs, budgets... Dans la plupart des entreprises d'une certaine taille, le manager enthousiaste doit conjuguer avec procédures et standards de contrôle, fixation et évaluation des objectifs et *reporting*. Mais ceux-ci ne sont pas forcément un obstacle à la mise en œuvre d'un management beaucoup plus humain : là où le manager hiérarchique traditionnel impose ses objectifs et les moyens pour les atteindre, le manager enthousiaste prend le temps de l'échange et de l'écoute, s'attache à donner du sens aux objectifs, interroge ses équipes sur le comment sans l'imposer et accepte la confrontation. Il est le premier convaincu de l'intérêt de l'action demandée et est en mesure d'éclairer les autres, de leur faire prendre conscience de leur propre intérêt à se dépasser, de les entraîner à sa suite. « L'enthousiasme est cette manière d'être avec les autres qui s'impose comme une évidence incontestable. Il est cette envie d'avancer, de réussir, de dépasser les obstacles et de se dépasser. Il est cette joie d'entreprendre, de construire, de conduire[1] ». En ce sens, il est la caractéristique qui transforme un responsable en un manager que l'on a envie de suivre. Ce type de management ne peut survivre dans une entreprise trop rigide ; il a besoin d'une structure particulière pour s'épanouir.

Management transversal, leadership et enthousiasme

Le paragraphe précédent a montré ce qui distinguait le manager traditionnel du manager par l'enthousiasme, à savoir un *leadership* naturel lié à sa personne, à la vie et à l'énergie qu'il dégage.

Or, depuis plusieurs décennies, l'organisation pyramidale classique où le chef donne ses ordres et les subordonnés exécutent sans intervenir a montré ses limites. Nous sommes dans la logique de l'autorité. Ce mode de management n'est pas du tout *agile*, dans la mesure où tout changement de *process*, toute application de décision, doit systématiquement remonter au sommet de la pyramide pour redescendre le long de la branche adjacente pour atteindre les directions associées. Peu d'interfaces existent alors entre différents services ou divisions, ce qui induit des pertes de temps et des coûts supplémentaires. Aussi ces dernières décennies ont progressivement introduit beaucoup plus de transversalité et de participation dans le management, au travers d'évolutions comme le *reengineering*, le management par les processus, le *lean management* ou l'usine « apprenante ». Aujourd'hui, l'entreprise en France tend à abandonner l'organisation classique verticale fonctionnelle en faveur d'une organisation plus horizontale. La prise

1. Philippe Laurent, « L'enthousiasme au travail : chance ou état d'esprit ». Disponible sur : <www.lexpress.fr>. [Mis en ligne le 13 juillet 2012]

de décision est également déléguée aux acteurs opérationnels tandis que les fonctions support sont dédiées au service des projets et du métier. De façon plus générale, le management transversal est une tendance de fond qui prend appui sur un besoin croissant de décloisonnement des organisations.

Le management hiérarchique est cependant loin d'avoir disparu, en particulier pour les fonctions opérationnelles, et la plupart des entreprises ont adopté des organisations matricielles, combinant management vertical et transversal. Sont alors apparus des managers responsables de processus sans réelle responsabilité hiérarchique dont la mission est de faire collaborer les métiers entre eux.

Le management transversal est souvent utilisé pour couvrir des fonctions par nature transversales comme la qualité, la sécurité, la santé au travail, l'environnement, plus généralement la fonction Responsabilité sociale et environnementale. Il peut également couvrir les fonctions liées à l'excellence opérationnelle. Par nature, les responsables de ces fonctions, tout comme les pilotes de processus, n'ont aucune autorité hiérarchique sur les entités opérationnelles et pourtant sont responsables de leurs performances dans les domaines qui leur incombent. Comment alors manager des équipes constituées d'individus disséminés dans d'autres entités et partie intégrante d'autres équipes constituées ? Comment les fédérer ? Comment obtenir le meilleur d'elles-mêmes ?

Le manager transversal ne dispose généralement pas des leviers des managers traditionnels qui peuvent imposer leurs objectifs, imposer le « comment ». Il doit donc mobiliser différemment, convaincre sans levier. Il doit réussir à faire travailler ensemble des métiers différents par leur culture, leur vocabulaire, leurs préoccupations, leurs priorités. Il ne peut manager que par influence ; il doit réussir à obtenir des résultats en fédérant autour d'une ambition commune qu'il doit porter seul. Là où le manager hiérarchique peut imposer, le manager transversal doit influer, donner envie pour faire coopérer les services entre eux.

Les managers confrontés à ce challenge le disent : « ce n'est pas facile ». Ils ont la légitimité donnée par la direction mais cela ne suffit pas et certains ne se sentent pas à l'aise. Ils ont l'impression d'interférer dans les services, de faire de l'ingérence dans des métiers inconnus, de n'être pas crédibles ou reconnus. D'autres, en revanche, se plaisent naturellement dans ce management transversal. Ils savent clarifier les rôles, engager les acteurs, construire des plans d'actions collectifs qui permettront l'atteinte de résultats significatifs.

Dans ce cadre particulier du management transversal, la distinction entre manager traditionnel et manager enthousiaste prend tout son sens.

Le manager transversal doit obtenir un ralliement spontané, volontaire à sa cause, à son projet et seules ses qualités personnelles lui permettront de ne pas être seulement celui qui gère des indicateurs concernant sa fonction. Il devra construire une vision qui donnera envie aux autres d'y contribuer, d'y trouver leur intérêt en tant que partie prenante d'un objectif qui dépasse leur propre fonction.

Le discours du management hiérarchique potentiellement centré sur le « je veux » se transforme en un discours qui se doit mobilisateur et donner envie : « nous pourrions ensemble ».

On retrouve ainsi dans les conditions de réussites de la fonction transversale beaucoup des qualités liées au happy management.

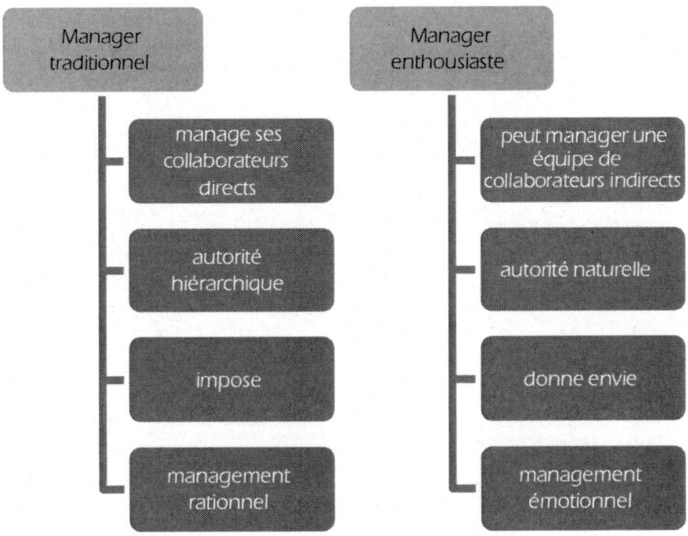

Figure 4.2 – Du manager au leader : clé de la réussite d'un management transversal

Il s'agit de passer d'un management rationnel par autorité et objectifs à un management émotionnel par influence. Le manager transversal donne vie à son projet. Le manager enthousiaste trouvera dans un rôle transversal l'opportunité de « s'épanouir ». Les leviers d'actions restent à découvrir, les libertés pour y parvenir sont plus ouvertes, les objectifs eux-mêmes restent toujours à dépasser.

La partie qui suit a pour objectif de mieux préciser ces leviers qui constituent les modalités d'action du manager.

Les modalités d'actions du manager enthousiaste pour créer et maintenir l'enthousiasme

L'analyse des témoignages et notre expérience nous ont fait identifier 4 phases dans le processus de mise en place du management par l'enthousiasme, de l'apparition à la transmission de l'enthousiasme :

- La formulation de la vision.
- Le partage de la vision.
- La création d'un climat de confiance et sa dynamique positive.
- Le maintien de l'enthousiasme par la reconnaissance et la valorisation.

La formulation de la vision

Si l'on se réfère à Eiffel, il ne suffit pas d'être le meilleur dans son domaine, il faut aimer le Beau, viser l'idéal mais également et surtout réfléchir avant d'agir. Aussi, l'action du manager enthousiaste ne peut pas se dispenser d'une phase de préparation essentielle au succès de son action. Il ne peut pas se laisser guider par ses impulsions ou son inspiration de l'instant s'il veut véritablement embarquer ses équipes. Si l'on considère en effet que l'enthousiasme est un état d'émotion positive, un sentiment d'exaltation associé à une idée, un projet ou une personne, une des premières clés de l'enthousiasme est autant la légitimité de la personne qui cherche à convaincre que la crédibilité du message qu'elle va passer.

Ainsi, la première étape essentielle du *happy management* est la définition de la vision du manager. Où veut-il emmener son équipe ? Quel est son objectif ultime ? Quel est l'enjeu ? À la différence d'un manager classique, le manager enthousiaste ne prend pas ses objectifs annuels comme une vision. Cela ne lui suffit pas à nourrir un quelconque enthousiasme, il a besoin de plus, il a besoin d'éclairer la route sur une plus longue distance, de donner une perspective, un sens à la marche, des raisons d'avancer autres que celles de faire plaisir à son propre chef. Le manager enthousiaste a besoin d'autres ressorts. Cette vision doit faire rêver ; elle doit donner envie à chacun de se lever le matin et d'aller travailler ; elle doit donner un sens à l'action quotidienne.

Ainsi ; cette vision ne se traduit que très rarement en chiffres, nécessairement réducteurs ; elle se traduit en idées, en mots. Voici quelques visions enthousiastes :

- devenir le leader mondial de son secteur ;
- devenir le meilleur fournisseur ;

– permettre à des centaines de personnes de retrouver le sourire grâce à notre action ;
– construire l'usine la plus efficace, la plus performante et la plus agréable de la planète ;
– permettre à une activité menacée de se maintenir ;
– imaginer l'école idéale pour les enfants.

Lorsque le ministre Lockroy imagine en 1884 le projet qui deviendra la tour Eiffel, il ne donne que les éléments suivants :

– un projet futuriste et innovant, symbolisant une France moderne ;
– un projet populaire ;
– une porte d'entrée pour l'exposition universelle de Paris.

L'espace de liberté laissé est énorme. Gustave Eiffel ne le restreindra pas.

La vision ne sort généralement pas du chapeau de l'enthousiaste. Il la forge par l'observation, son imagination, l'analyse de la situation, de l'existant et des enjeux actuels ou prévisibles. Il écoute les pensées de son équipe, des anciens, des jeunes, les confronte aux attentes de la société, des clients, des autres parties prenantes. Il pourra éventuellement faire sortir la vision de séminaires avec ses collaborateurs. Sa vision dépassera souvent toutes les attentes et l'écoute des oppositions *a priori* ne lui servira qu'à affûter ses arguments pour progressivement convaincre tout le monde.

Le partage de la vision

Le manager enthousiaste assoit la crédibilité de son discours sur une vision très claire de ses enjeux et de ses objectifs. Son enthousiasme lui assure la force de conviction nécessaire pour défendre un projet particulièrement ambitieux, parfois indéfendable, irréaliste au vu des difficultés à surmonter ou de sa nouveauté. Son enthousiasme lui assure aussi la constance essentielle pour toujours garder le cap malgré les vents contraires.

Quand il partage sa vision, le manager enthousiaste ne se limite pas à la simple communication d'objectifs. Il s'attache surtout à donner du sens à l'action collective et individuelle, à mettre en avant les bénéfices que chacun en retirera, à raisonner en termes d'intérêt général et particulier. Et il pose les véritables bases du partage tel qu'il l'entend. Il insiste sur les valeurs qui feront du projet un succès : l'importance de travailler ensemble, de se respecter, de laisser de l'espace à la créativité, à l'inventivité de chacun, à la solidarité et à la notion d'équipe.

Le manager enthousiaste ne peut garder son enthousiasme pour lui : il est convaincu par sa cause mais ne peut rester seul, il ne conçoit pas la victoire solitaire. La route avec ses joies et ses peines, comme dans un pèlerinage, est aussi importante que son but qu'il convient sans cesse de placer plus haut. Aussi, le manager enthousiaste organise la concertation avec son premier cercle, les convainc, s'assure de leur soutien, écoute leurs objections, leur répond, enrichit son premier projet des remarques et des améliorations de l'équipe. Il tire sa formidable force de conviction de son enthousiasme.

Si l'on poursuit la métaphore du pèlerinage, les pèlerins sont au départ peu nombreux mais progressivement, entraînent dans leurs sillages de plus en plus d'adeptes, par la parole, l'enseignement et le cheminement personnel de chacun. Les pionniers sont ensuite soutenus dans leur marche par la ferveur de ceux qu'ils ont entraînés avec eux. Ce sont eux qui les maintiennent dans le cap quand le doute survient. L'intérêt du cheminement n'est pas seulement le but à atteindre mais c'est aussi l'enrichissement personnel que l'on retire de l'accomplissement du projet. Le manager enthousiaste rêve chaque jour d'être celui qui donne le départ à une course de masse populaire : quand le signal est donné, tous les participants se précipitent d'une seule traite sans hésiter parce qu'ils sont là pour aller au même endroit ensemble, qu'ils ont le même objectif et que la course, bien que difficile, sera une source de fierté et d'enrichissement.

Le doute peut naturellement survenir dans une équipe pour de nombreuses raisons que nous avons déjà abordées.

L'efficacité de l'équipe est liée à sa confiance ; le doute peut devenir un obstacle mais l'équipe n'est pas une secte liée à son gourou ; à tout moment, celui qui doute peut quitter son équipe voire s'y opposer.

La création d'un climat de confiance et la dynamique positive

Le manager enthousiaste se place dans une attitude résolument positive : il sait qu'il demande parfois l'impossible, mais n'a pas peur de l'échec et transmet cette confiance autour de lui. Il rappelle Churchill : « Le succès, c'est d'aller d'échec en échec avec enthousiasme ». Churchill ne recherchait sûrement pas l'échec mais ne le craignait pas et le considérait comme une façon d'avancer. Celui qui a peur de l'échec est paralysé et ne prend pas le risque de plonger ou de se lancer à l'assaut d'un grand sommet. C'est ce message que le manager enthousiaste transmet mais il ajoute qu'il a confiance, que tous ensemble, l'équipe atteindra le sommet, que les plus forts entraîneront les plus faibles et que chacun peut y arriver sous réserve qu'il accepte lui aussi d'oser la confiance dans l'équipe et la force collective. Il compte sur la contagion progressive de l'enthousiasme qui permettra à tous, petit à petit, d'oser, de s'engager et d'entraîner à leur tour. Beaucoup de matchs sportifs se sont gagnés avant d'entrer sur le terrain, simplement parce que l'équipe s'était placée consciemment et volontairement dans une dynamique de succès *a priori*.

Le manager enthousiaste ose la confiance en chacun et incite chacun à se dépasser. Il crée de véritables liens humains avec ses équipes, qui conduisent au plaisir d'être ensemble et de travailler en équipe. C'est la victoire collective qui est visée.

Le maintien de l'enthousiasme : encouragement, valorisation et reconnaissance

Les projets ambitieux empruntent souvent des chemins difficiles et se heurtent à de nombreux obstacles. Les détracteurs veillent et s'alarment au premier signe de défaillance. Aussi, est-il important de se prémunir et de rendre l'équipe toujours plus forte et capable de surmonter les aléas qui ne manqueront pas de se présenter.

Or, la force et l'efficacité de l'équipe reposent sur l'engagement personnel très fort de chacun et sur les liens collectifs.

Le manager enthousiaste développe une véritable empathie avec son équipe, accorde une attention particulière et personnelle à chacun pour assurer son épanouissement personnel et se met au service des équipes quand cela se révèle nécessaire. Il est présent sur le terrain avec elles dans les moments difficiles.

Cela ne veut pas dire qu'il va faire le travail à leur place ; il sera simplement là pour les écouter, les soutenir et leur renouveler toute sa confiance et sa reconnaissance pour l'engagement dont elles font preuve.

Au-delà de cette empathie et attention particulière pour chacun, il soutient également l'engagement par la valorisation systématique des résultats exceptionnels, par l'organisation régulière de fêtes qui servent également à renforcer les liens interpersonnels dans l'équipe, liens très précieux dans les moments difficiles.

Il sait que l'enthousiasme a besoin de preuves et de soutien dans la durée.

Il ne se contente pas de lancer un projet, il le suit et soutient ses équipes en cas de problème.

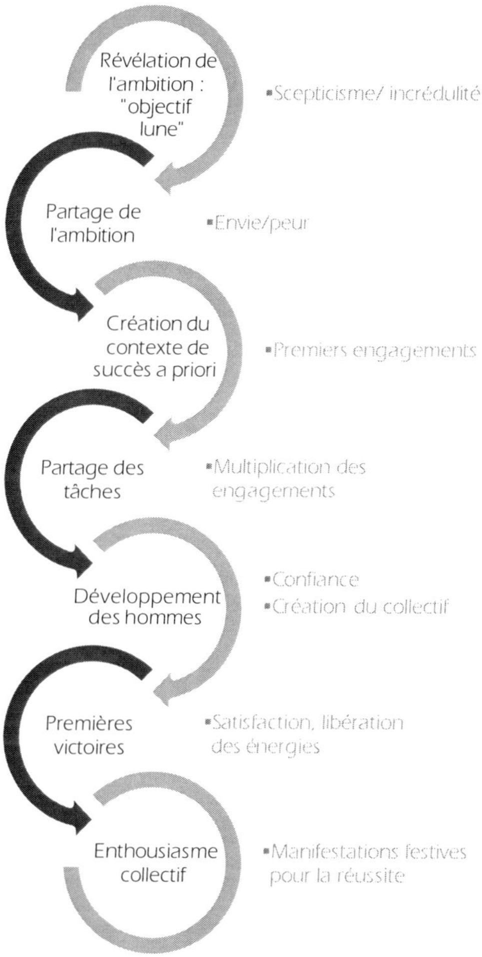

Figure 4.3 – Chronologie des actions et évolutions des sentiments de l'équipe

Comme cela a été dit, le *happy management* est nettement plus facile à vivre dans des situations industrielles ou des environnements positifs. Que devient-il lorsque les situations se retournent et que la crise apparaît ?

Créer les conditions propices au happy management

Un modèle de management optimiste

Une des premières conditions propices au développement de l'enthousiasme est d'accepter que la performance d'une entreprise n'impose pas forcément rigidité, tristesse et souffrance au travail. Comme cela a été développé dans le chapitre 3, il s'agit d'évoluer vers un modèle d'entreprise optimiste, ouverte, qui privilégie des relations de travail conviviales, opposant ainsi à un modèle traditionnellement fermé, un modèle plus ouvert. Ce modèle de management optimiste crée une ambiance propice à l'engagement et, en ce sens, apparaît comme une condition du management par l'enthousiasme.

Un environnement de travail agréable et convivial

Créer les conditions propices au *happy management*, c'est aussi repenser l'entreprise pour plus de bien-être et de bonheur au travail. Cela induit en particulier de repenser les locaux, les bureaux, en les rendant plus clairs, plus lumineux, en créant des lieux de pause colorés, équipés de mobilier confortable, émanant des odeurs agréables. C'est aussi re-penser les moments de convivialité, les encourager : ritualiser le café avant de démarrer une réunion, partager un gâteau pour les anniversaires ou les challenges relevés…

L'enthousiasme ne se vit pas dans un cadre trop strict ou trop triste. Tout ce qui peut donner une âme à l'entreprise va créer un contexte favorable. L'évolution de l'environnement peut, à lui seul, être un signe fort de l'évolution managériale choisie.

Une reconnaissance entretenue des équipes, sincère et naturelle

Nous le disions au début de l'ouvrage, le management par l'enthousiasme induit avant tout un management des hommes et des projets. Il ne suffit pas d'être enthousiaste sur une idée pour réussir. Lancer une idée, lui donner du sens, convaincre son équipe d'y adhérer et de s'engager, est juste la première étape. Ensuite le projet doit être suivi de manière rigoureuse et impliquer des points réguliers et positifs avec son équipe.

Le *happy management* est un management magique qui permet de transformer ses collaborateurs en des collaborateurs engagés dans une spirale de la réussite. Mais aller au bout de ce merveilleux processus, nécessite deux conditions : croire au potentiel de chacun et accepter d'investir pour accompagner chaque individu. Sans accompagnement positif, le management par l'enthousiasme ne peut réussir. Cela implique que les managers qui choisissent cette voie soient disponibles, à l'écoute de leurs collaborateurs et s'engagent à leurs côtés en sachant reconnaître et partager les réussites (cf. chapitre 3).

Aussi les signes de reconnaissance, de valorisation sont les moteurs du *happy management*. Ils sont une condition indispensable à un enthousiasme durable. Ces signes adaptés à chacun, choisis pour une personne en fonction de sa personnalité et de ses besoins doivent être simples, réguliers, positifs et naturels.

Quels sont ces signes de reconnaissance efficaces pour entretenir l'enthousiasme ? Un signe de reconnaissance, appelé aussi *stroke* en analyse transactionnelle, est un message positif/sympathique ou négatif/dévalorisant agressif adressé à l'autre. Ils traduisent ce que le manager ressent vis-à-vis des membres de son équipe et/ou le sont perçus comme tels.

Adresser des *strokes* positifs à ses collaborateurs est une des missions clés de tout manager pour créer de vraies relations avec ses équipes, entretenir leur enthousiasme et leur confiance en elles.

Nous avons tous besoin de ces *strokes* et les comptabilisons inconsciemment pour évaluer l'équilibre positif/négatif. Les managers ont une capacité souvent très limitée d'adresser des *strokes* positifs, même si paradoxalement ils en attendent naturellement de leurs responsables.

Quels sont les *strokes* qu'un manager enthousiaste peut adresser aux membres de son équipe ? Il faut accepter que la seule reconnaissance réelle ne soit pas une prime.

Au-delà de l'aspect financier, il est possible d'envisager des signes verbaux ou non verbaux :

- un simple bonjour souriant le matin ;
- un mail de remerciement personnalisé ;
- un remerciement individualisé et/ou collectif lors d'une réunion ;
- un point de projet, juste pour vérifier avec son collaborateur que tout va bien ;
- une invitation à un déjeuner ;
- l'organisation d'un café impromptu le matin ;
- une formation pour faire progresser les compétences de l'équipe.

Le plus important est que le *stroke* ait un sens, une valeur pour celui qui le reçoit. Il peut porter sur un événement (par exemple, j'ai apprécié ton compte rendu parce que...) ou sur la personne (ce que j'apprécie chez toi...). L'indifférence, le quotidien qui prend le pas sur les challenges, l'individualisme, sont autant de dangers pour un manager qui se veut enthousiaste et entraînent inévitablement la démotivation des équipes.

Le happy management dans des situations difficiles

Contrairement aux idées reçues le management par l'enthousiasme est d'autant plus nécessaire que le contexte est difficile. Dans un monde incertain, au sein d'entreprises qui enchaînent plans de rigueur et réduction des coûts, souvent synonymes de suppression de postes, il devient de plus en plus difficile de conserver l'engagement des collaborateurs. Il devient alors indispensable d'accroître la chaleur du management face à l'austérité des processus, de trouver les moteurs intérieurs de chacun. Les militaires confrontés à un risque encore plus inquiétant, inhérent à leur raison d'être, à savoir le risque de perdre la vie, l'ont bien compris.

Il ne s'agit pas de rire et de chanter dans des situations qui ne s'y prêtent pas ; l'enthousiasme est une chose beaucoup plus sérieuse, qui relève de l'attention que l'on porte aux hommes, afin qu'ils expriment ce qu'ils ont de meilleur, qu'ils découvrent au plus profond d'eux-mêmes des ressources qu'ils ignoraient posséder.

Aussi, l'expression d'un management par l'enthousiasme ne peut se limiter aux périodes fastes, au management des succès, à l'accompagnement victorieux. Les différents témoignages ne décrivent d'ailleurs pas des environnements particulièrement faciles mais plutôt des expériences parfois difficiles, des équipes démotivées par la perspective de la disparition annoncée de leurs missions, par la perspective d'une entreprise en faillite... Et c'est justement l'enthousiasme du manager qui a permis dans ces situations d'aller trouver l'engagement des équipes.

Quand il s'agit de se séparer d'un collaborateur

Comment un manager enthousiaste aborde-t-il les décisions difficiles et arrive-t-il à les mettre en œuvre sans pour autant mettre en péril la cohésion du groupe ? Comment peut-il plus particulièrement gérer une des tâches les plus ingrates qui incombe au patron, celle de se séparer d'employés des raisons très diverses ? Cette tâche est d'autant plus difficile aujourd'hui que le marché de l'emploi étant ce qu'il est, une telle décision peut entraîner des conséquences dramatiques pour l'employé concerné.

Mais là encore, les qualités du manager enthousiaste lui permettent d'aborder cette situation délicate paradoxalement plus facilement que pour tout autre manager. L'essentiel repose en effet sur le sens donné à la décision de telle sorte qu'elle soit acceptée autant par ceux amenés à quitter l'équipe que par ceux amenés à poursuivre leurs missions, parfois privés de collègues qu'ils ont côtoyés pendant des années. Et donner du sens, c'est ce que le manager enthousiaste sait faire de mieux. Il sait pourquoi il a été amené à prendre une telle décision ; elle est indispensable au succès de l'équipe et il trouvera les mots, les arguments que chacun sera prêt à entendre pour l'expliquer. Sa sincérité, son habilité à dire les choses, à toujours être transparent et à ne jamais fuir la réalité et surtout sa réelle empathie pour les gens feront le reste et lui permettront d'accompagner le départ d'un membre de l'équipe dans le respect des personnes et de l'équipe.

Et cette capacité à se séparer d'un membre de l'équipe, alors que l'équipe est clé dans le management par l'enthousiasme, est essentielle. Un seul membre défaillant peut en effet mettre en péril toute l'équipe et c'est le rôle du manager de ne pas se laisser attendrir s'il pense que l'équipe ou son succès sont entravés par un individu, aussi attachant soit-il. Plusieurs éléments peuvent conduire à une telle décision. La défaillance peut être de nature différente : il peut soit d'agir d'incompétence, soit de comportement inapproprié. Les deux situations amènent néanmoins une gestion de la décision différente.

Dans le cas d'une incompétence professionnelle, le manager ne prendra sa décision qu'après avoir tenté de recadrer la personne concernée : il tentera de lui faire prendre conscience qu'elle ne remplit pas sa mission (ce qui est souvent assez facile), essaiera d'identifier avec elle ce qui la bloque et l'empêche de délivrer les résultats attendus et enfin l'aidera à se reprendre en l'accompagnant sur des actions concrètes. Si malgré tout, aucun progrès n'est obtenu, la conclusion s'imposera d'elle-même à tous : la personne n'est pas mauvaise en tant que telle, elle n'est pas incompétente de façon générale ; la personne n'est simplement pas à sa place et il convient de lui trouver une position plus adaptée à ses compétences et qualités personnelles dans l'entreprise ou à l'extérieur. À titre d'exemple, un cadre peut se révéler un piètre manager opérationnel après avoir été un consultant interne particulièrement brillant. Il a eu le courage d'accepter un poste opérationnel et de s'exposer hors de sa zone de confort. Une expérience qui n'a pas réussi doit permettre de rebondir plus haut et c'est ce que le manager enthousiaste cherchera à faire comprendre au cadre malheureux. Nous disons malheureux, car sauf dans des cas très rares, les salariés se rendent compte de leur impuissance dans certains postes et en sont malheureux. Aussi improbable que cela puisse paraître, l'annonce par le manager qu'il va falloir malheureusement mettre fin à sa mission et se séparer, peut être une véritable délivrance. Dans certains cas, ce sera le début pour l'employé malheureux de nouvelles aventures. Le point que nous voulons mettre en avant, c'est que le manager enthousiaste, convaincu de la valeur de tout homme, s'attachera une fois encore à faire ressortir tout ce que cette expérience a eu de positif et pourra avoir de positif pour le salarié qui quitte l'équipe. À l'équipe, le manager expliquera les raisons de sa décision. Dans la plupart des cas, l'équipe ne sera que peu surprise et exprimera son soutien à leur collègue sans chercher néanmoins à le retenir.

Dans le cas de comportements inappropriés de la part d'un membre de l'équipe, l'attitude du manager enthousiaste sera différente mais tout aussi déterminée. Le comportement inapproprié dans le cas d'un management par l'enthousiasme fait la plupart du temps référence au non-respect d'une des valeurs partagées de l'équipe : cela peut être un dénigrement systématique des décisions par un managé non enthousiaste et qui ne souhaite pas être embarqué dans le tourbillon collectif, un manque d'engagement qui déteint sur l'équipe, un comportement individuel qui nuit à l'enthousiasme de l'équipe ou d'un seul de ses membres. Dans ce cas, le manager enthousiaste ne fera qu'un rappel à l'ordre, insistera sur les valeurs incontournables de l'équipe et les quelques règles peu nombreuses dont le non-respect n'est absolument pas tolérable, car il met en péril l'équipe toute entière. Dans la mise en œuvre de la décision, là encore, le manager enthousiaste s'attachera à rappeler que les compétences professionnelles de l'employé ne sont absolument pas remises en cause, mais que son comportement n'est pas compatible avec le fonctionnement de l'équipe et qu'il doit en conséquence la quitter.

L'ENTHOUSIASME AU SERVICE DE LA STRATÉGIE ET DE LA CONSTRUCTION DE L'ENTREPRISE DE DEMAIN

L'enthousiasme et la place des ressources humaines

Le développement durable de l'entreprise est ce qui permet d'assurer à l'entreprise son avenir sur le long terme. Il repose sur la capacité de l'entreprise à comprendre le monde actuel et ses attentes pour y répondre mais également à imaginer le monde de demain pour assurer que son activité y aura toujours un sens et une utilité collective. Ce développement durable de l'entreprise, intimement lié à la stratégie, reposera en conséquence sur deux choses : disposer des ressources humaines et des leaders adaptés à leurs têtes et savoir en permanence évoluer, imaginer le monde, anticiper les évolutions, les nouvelles attentes de la société et donner du sens à son action.

Mais là encore la capacité à imaginer et comprendre, repose sur les qualités des hommes et des femmes d'une part mais également sur les conditions dans lesquelles ils sont placés pour imaginer, penser autrement... d'où l'importance du choix des leaders et de la façon dont on les développe.

Le choix des hommes est primordial pour la réussite de l'entreprise. Toujours en référence à Gustave Eiffel, il faut savoir s'entourer des meilleures compétences. Mais il faut également savoir les exploiter et les garder. Qu'attendent aujourd'hui les nouvelles générations de l'entreprise ? Les témoignages des jeunes interviewés comme Julie et Pierre sont très clairs : ils ne veulent plus être enfermés dans des boîtes, dans des organisations rigides où on leur dirait ce qu'ils ont à faire et c'est tout. Ils ne veulent plus s'ennuyer et attendent que l'on donne du sens à leur action, ils veulent participer à des projets qui dépassent leur seule action personnelle. Ils veulent vivre à fond avec même un zeste de déraison parfois. Ils sont prêts à donner beaucoup mais pas pour n'importe quelle cause. Ils sont libres dans leur tête et veulent le rester, libres de choisir et de créer de la valeur.

Le *happy management* répond à ces attentes. Il attache une importance capitale au sens de l'action menée ; il met la confiance et le plaisir de travailler ensemble au cœur de l'action quotidienne. Il n'enferme pas les équipes et leur donne au contraire un espace d'expression très large. Il libère ainsi la créativité. Par là, il donne envie aux jeunes talents de rester et de s'engager pleinement.

L'enthousiasme au service du développement durable : un sens pour l'entreprise et une capacité d'imaginer demain

L'entreprise ne vit qu'au travers de ses clients et de la société dans laquelle elle opère. Une raison d'être de l'entreprise, centrée sur l'unique création de profits financiers pour ses actionnaires ne suffit pas à assurer sa pérennité. Elle doit apporter quelque chose à la société, répondre à ses attentes et s'assurer que cela ne se fait pas au détriment d'autres parties prenantes. L'entreprise responsable ne se contente pas de viser des résultats financiers et ce à n'importe quel prix et par n'importe quels moyens, elle sait conjuguer éthique et économie.

En d'autres termes, pour s'assurer un avenir pérenne, l'entreprise doit donner un sens à son action, un sens qu'elle partage avec la société qui l'entoure, un sens qu'elle partage avec les gens du dedans et du dehors de l'entreprise, un sens qu'elle partage avec toutes les générations et plus particulièrement les nouvelles. C'est ce sens que recherchent aujourd'hui les jeunes de la génération Y dans leur sphère professionnelle : « J'ai également besoin de sentir que mon employeur cherche véritablement à construire quelque chose, que son seul but n'est pas de s'enrichir mais que l'entreprise participe à un projet plus vaste ». C'est aussi ce sens que le management par l'enthousiasme met au cœur de son action.

Le développement durable de l'entreprise, c'est effectivement son succès, sa rentabilité aujourd'hui au travers de la création de valeur que lui reconnaît la société toute entière mais c'est également la préparation permanente de l'avenir. Le monde actuel bouge beaucoup plus vite que celui des décennies précédentes et l'entreprise doit suivre ses évolutions, les anticiper sous peine de disparaître. Elle doit pour cela se doter d'une capacité à imaginer le monde de demain, à concevoir de nouvelles solutions, plus respectueuses de l'environnement et des hommes, d'une capacité à voir avant les autres les prochaines sources de valeur, à oser la nouveauté. Google développe en permanence de nouveaux services ; Facebook est né de l'imagination folle d'un étudiant. Ces sociétés sont devenues en quelques décennies des entreprises gigantesques avec des capitalisations boursières affolantes. Leur succès repose en partie sur des modes de fonctionnement totalement nouveaux, où tout est fait pour favoriser la créativité et la convivialité, au cœur de leur modèle opérationnel. Si Google et Facebook n'existaient pas il y a trente ans et développent aujourd'hui des activités immatérielles, les sociétés plus traditionnelles ne peuvent se dispenser d'une réflexion permanente pour répondre en permanence aux attentes d'une société qui change. Face à ce monde qui change, l'entreprise ne peut rester immobile. Il ne s'agit pas de transformer les entreprises de l'industrie lourde en nouveaux « Google » mais de faire évoluer des modes de management devenus obsolètes aux yeux des jeunes générations. Ces modes de management extrêmement cadrés manquent cruellement d'agilité et ne permettent plus de suivre les évolutions du monde au rythme du monde numérique et du développement de la Chine.

Le *happy management* nous semble beaucoup plus apte à faire émerger à tout niveau de l'entreprise des idées nouvelles, en lien avec cette nouvelle responsabilité sociétale des entreprises. En laissant chacun s'exprimer, oser de nouvelles choses dans le respect d'un sens commun, il permet à l'entreprise de disposer d'une vision beaucoup plus ouverte et large du monde. Il lui permet d'imaginer le monde de demain, d'être le précurseur de son secteur, le leader. Il le permet parce qu'il admet le droit à l'erreur, à l'échec, comme moyen de progresser et de trouver les meilleures solutions.

Nous allons présenter ci-après un exemple vécu par l'un des auteurs d'initiative qui résume le rôle que peuvent jouer des acteurs motivés.

Un exemple d'initiative enthousiaste dans un monde très traditionnel : le béton prêt à l'emploi

Le béton prêt à l'emploi est un des produits les plus frais de l'industrie traditionnelle : plus frais que le yaourt, il n'a que deux heures de vie environ, entre sa production en centrale à béton et sa mise en œuvre sur son chantier de destination. Au-delà, il commence à prendre et devient inutilisable. Par ailleurs, l'organisation des chantiers est soumise à de nombreux aléas liés à la météo, la circulation urbaine, la disponibilité des équipes et des matériaux. Le temps de livraison d'un même camion de béton (appelée toupie) peut par ailleurs varier de quelques minutes lorsqu'il s'agit de déverser tout le contenu dans une fondation à une heure ou plus lorsqu'il s'agit de vider le même volume à la brouette pour atteindre des zones difficiles d'un chantier de rénovation. En région parisienne enfin, une centrale à béton dispose d'environ une petite dizaine de camions et peut livrer jusqu'à une cinquantaine de chantiers différents par jour à raison de 8 mètres cubes par toupie envoyée. Et pour gérer toute cette planification, l'opérateur seul ne disposait souvent que d'un crayon et d'une gomme pour suivre tout au long de la journée les départs et les retours de sa flotte et cocher les livraisons réalisées. Enfin, si l'opérateur centralier n'avait en général que peu d'idée du temps d'aller et de retour de la toupie, même les volumes commandés par le chantier pour la journée pouvaient s'avérer aléatoires et évoluer de quelques mètres cubes à quelques dizaines et perturber encore plus l'essai de planification mise en place. Le résultat était des horaires de livraisons très difficiles à respecter, des camions qui attendaient trop longtemps avant de pouvoir décharger leur cargaison sur le chantier et une qualité du produit qui s'en ressentait, des chantiers désorganisés par des livraisons tardives et des appels incessants à la centrale qui amenaient à un cadencement des départs en fonction du niveau sonore de la voix du client mécontent. À l'heure du numérique, une telle situation semblait anachronique ! Et pourtant, c'était la réalité du terrain de beaucoup d'opérateurs de béton prêt à l'emploi. Et si les petites centrales de province disposant uniquement de deux ou trois camions toupies arrivaient à peu près à respecter chaque jour le planning qu'elles avaient préétabli la veille en fonction des commandes arrêtées à 16 heures, celui-ci était loin d'être optimisé en particulier pour les horaires des chauffeurs. Aussi, une équipe enthousiaste a eu l'idée d'essayer autre chose : une expérience pilote a été mise en place en région parisienne. Toutes les toupies ont été équipées de GPS pour pouvoir suivre en temps réel l'avancement de leur tour (aller centrale chantier, temps de déchargement, voyage retour) et leur localisation transmise en temps réel à un système de planification automatique. Toutes les caractéristiques des chantiers ont été entrées dans le système : localisation pour évaluer le temps de trajet, type de chantier pour évaluer le temps de déchargement... Sans entrer dans le détail, un maximum d'informations était entré dans le système pour construire un planning a priori faisable et optimisé et proposer à l'opérateur un ordre de chargement optimal pour répondre aux mieux aux horaires exprimés par les clients. Ce planning était alors remis à jour régulièrement au cours de la journée en fonction de la localisation réelle des toupies, des ajustements de volumes,... et le centralier avait la possibilité de toujours savoir où se situait chacun de ses camions pour répondre aux appels de ses clients, les renseigner précisément et sans erreur sur leur prochaine livraison. Le résultat était au rendez-vous : un climat de travail en centrale apaisé, une ponctualité largement améliorée, des temps de travail des chauffeurs réduits, des clients étonnés et très satisfaits. Le travail du centralier avait été transformé et le temps et la sérénité retrouvés lui permettaient d'être beaucoup plus à l'écoute de ses clients.

Et pourtant, quand le manager de cette équipe a voulu étendre son expérience sur un périmètre plus large, il s'est heurté au scepticisme de sa hiérarchie qui ne partageait pas son enthousiasme. Certes, il y avait des coûts (équipements des camions, serveur et développement du logiciel) et les bénéfices s'ils étaient certains restaient très difficiles à évaluer : comment évaluer le temps gagné et la sérénité des opérateurs ?

La question de sa hiérarchie illustre complètement la difficulté à être enthousiaste : « Si ton projet est si génial que cela, si nous allons vraiment y gagner, pourquoi les autres concurrents ne s'engagent ils pas dans cette voie ? » Mais la réponse de l'enthousiaste a laissé son interlocuteur coi : « Vous êtes le leader du secteur ou non ? Un leader n'attend pas les concurrents pour les suivre ! »

Le projet s'est développé tant que le manager enthousiaste était présent pour le défendre.

Sans reprendre l'exemple de la formidable ascension de Facebook, de multiples exemples de transformations dans les entreprises ont pu voir le jour grâce à des managers enthousiastes qui ont su surmonter les obstacles et emmener avec eux leurs équipes vers de nouvelles méthodes plus efficaces et plus modernes. L'innovation et la créativité ont besoin d'enthousiasme.

LE RÔLE ET LA PLACE DE L'ENTHOUSIASME DANS LE CHOIX DES HOMMES

« C'est un signe de médiocrité que d'être incapable d'enthousiasme. »
Honoré de Balzac

Les parties précédentes ont largement montré l'importante du capital humain dans le management par l'enthousiasme La première richesse de l'entreprise, sur laquelle repose essentiellement son succès ou son échec, ce sont les hommes et les femmes qui la constituent et surtout la capacité de ses leaders à les emmener le plus loin possible. Cette idée est reprise par Peter Bakker, président du WBCSD[1] : « A capitalist is somebody who optimizes returns from capital employed. The mistake is that current economic model is solely focused on optimizing the return on financial capital. We need to add two more elements of capital : natural capital and social capital, and tell capitalists to go and optimize that[2] ».

L'enthousiasme constitue un véritable capital d'énergie et de performance pour l'entreprise qui le reconnaît. Ce capital, elle doit le préserver mais également le faire fructifier et l'enrichir au travers du processus de recrutement. Aussi, au-delà de compétences techniques spécifiques, ce que doit rechercher l'entreprise, ce sont des hommes et des femmes capables et désireuses de participer à des projets collectifs, dans un esprit non d'émulation et de compétition mais de collaboration positive. Le profil du manager idéal dans cette perspective est très loin de celui du manager traditionnel.

Questions générales sur le profil du manager idéal et son évaluation

Comment intégrer la notion d'enthousiasme dans l'évaluation de tous les employés de l'opérateur au cadre dirigeant ?

Si l'on admet que l'enthousiasme est devenu aujourd'hui une composante essentielle du management souhaité pour l'entreprise, il est nécessaire

1. WBCSD : World Business Council for Sustainable Development.
2. « Un capitaliste est quelqu'un qui optimise le retour sur les capitaux employés. L'erreur du modèle économique actuel est de ne considérer que le retour sur le capital financier. Nous devons ajouter deux éléments au capital : le capital naturel et le capital social et demander aux capitalistes d'optimiser l'ensemble. »

qu'il soit intégré dans le processus d'évaluation de chacun, pour que tous les cadres susceptibles de prendre des responsabilités de plus en plus importantes incarnent cette nouvelle dimension managériale. Elle n'est pas nouvelle en tant que telle mais reste souvent isolée et jamais prise comme critère d'évaluation des managers. La raison est relativement simple : un processus classique d'évaluation demande des indicateurs, des grilles de mesure, des référentiels et, comme nous l'avons vu au fil de ce livre, l'enthousiasme ne se mesure pas. Il ressemble en cela à l'amour. Saint Augustin disait en effet : « La mesure de l'amour, c'est d'aimer sans mesure ». Il ressemble aussi à l'amour car il ne se vit qu'à travers les autres. Saint Exupéry le disait : « Aimez ceux que vous commandez mais sans leur dire ».

L'enthousiasme ne se mesure pas parce qu'il est justement sans limite et c'est ce qui fait sa force. Il ne peut entrer dans une grille car certains l'exprimeront par la parole, d'autres part le silence… Une façon de mesurer l'enthousiasme du manager est d'interroger ses équipes. Beaucoup d'entreprises pratiquent ce qui est communément appelé le 360° mais les résultats restent confidentiels et ne sont jamais utilisés à des fins d'évaluation. Le manager ne devient un leader enthousiaste qu'au travers du regard et de l'attitude de ses équipes.

Pourquoi le profil du manager traditionnel n'est-il plus adapté au monde moderne ?

Nous reprenons ici des idées développées par Mélanie. Dans la conception classique que l'on se fait du manager ou du chef traditionnel, il s'agit de celui qui sait tout, qui décide de tout et surtout de celui qui contrôle tout. Or, cette conception se heurte aujourd'hui à une réalité internationale et sociale profondément différente de celle qui présidait dans les premiers siècles de l'industrie et qui a dessiné le portrait du patron idéal.

- *Le manager : un homme qui sait tout ?*

Avec la mondialisation, le contexte économique est devenu extrêmement mouvant, avec des crises brutales de grande ampleur ou des croissances fulgurantes pour certaines entreprises en l'espace de quelques années. Il est aussi devenu très complexe, notamment pour les organisations servant des marchés très diversifiés. Il devient ainsi difficile pour un seul homme (ou femme) même visionnaire, d'anticiper ces évolutions et leurs répercussions. Réunir les visions du plus grand nombre au sein de l'entreprise permet au contraire de mieux anticiper, innover, s'adapter. Ceci nécessite d'impliquer non seulement les bras des salariés mais aussi leur tête et si possible leur cœur.

- *Le manager : un homme qui décide de tout ?*

Il est frappant de voir comment les processus participatifs se développent dans des domaines de plus en plus variés, du politique (avec la démocratie participative) au commercial (des communautés d'utilisateurs donnant leur avis sur les produits et faisant la réputation des entreprises). Pourquoi en irait-il différemment à l'intérieur de l'entreprise ? Les jeunes générations n'acceptent plus aussi facilement que leurs aînés qu'on définisse arbitrairement leurs tâches sans comprendre le cadre global dans lequel elles s'inscrivent. Elles ont grandi avec internet et les réseaux sociaux qui facilitent les collaborations transversales indépendamment des silos hiérarchiques. Les tâches confiées de façon *top-down* seront bien sûr effectuées malgré tout mais au prix d'une baisse de motivation et d'une moindre productivité.

- *Le manager : un homme qui contrôle tout ?*

Dans les métiers de la nouvelle économie basée sur la connaissance et les services, les processus sont dématérialisés donc plus difficiles à contrôler. Un risque est alors de ne mesurer que du temps de présence (*input*) et non le travail produit pendant ce temps (*output*). Même lorsqu'il est possible, le contrôle pourrait bien être contre-productif : non seulement il mobilise le temps du manager mais il envoie un signal de méfiance au collaborateur. Le salarié se contente alors de faire le minimum fixé par la norme du manager, sans risquer d'innovation ou d'initiative qui pourraient l'exposer. De son côté, le manager contrôlant se retrouve souvent débordé par toutes ses tâches de contrôle et devient le goulot d'étranglement des décisions. On sait maintenant que le stress, tant chez les managers que pour les collaborateurs, est source de troubles psycho-sociaux, arrêts maladie et baisses de la productivité. La gestion par le contrôle et la peur est donc largement inefficace mais en plus coûteuse.

Le manager enthousiaste tel que nous l'avons décrit dans les chapitres précédents est bien loin de ce manager traditionnel.

L'enthousiasme dans le processus de recrutement

Une des clés du succès réside dans la primauté donnée à la constitution de l'équipe avant l'établissement des stratégies et des plans d'action : les managers sont choisis non pour leur autorité, leurs compétences métier ou leur expérience particulière dans un secteur donné mais pour leur dévouement au succès de l'entreprise, leur humilité personnelle, leur très grande éthique professionnelle et leur capacité à assumer personnellement les responsabilités. Ensuite, c'est à l'équipe elle-même de déterminer sa vision, sa mission et sa stratégie pour qu'elle se l'approprie pleinement. L'équipe est d'autant plus efficace et engagée qu'elle a elle-même fixé la route et l'objectif.

Certes, un manager qui prend un poste a rarement la possibilité de choisir toute son équipe et il devra la constituer au fur et à mesure. En revanche, il peut œuvrer pour développer et valoriser au sein de l'équipe existante les compétences comportementales adaptées à un management par l'enthousiaste et éventuellement se séparer des individus incapables de s'y retrouver.

Quelles que soient la situation et l'ampleur des recrutements, le processus est essentiel. Le processus de recrutement fait intervenir essentiellement deux acteurs : l'employeur potentiel et l'éventuel futur employé. Selon le niveau du poste, selon la qualité de la candidature, selon la conjoncture ou le mode de recrutement, le rapport de force entre l'un et l'autre peut être à l'avantage de l'un ou de l'autre sans pour autant que les deux parties en aient toujours conscience.

Quoi qu'il en soit, l'entreprise et l'employé doivent se vendre respectivement l'un à l'autre : l'entreprise pour attirer les meilleurs talents, l'employé pour rejoindre préférentiellement l'entreprise qui répond le mieux *a priori* à ses aspirations professionnelles.

L'enthousiasme peut s'inviter dans le processus de recrutement à plusieurs niveaux, tant sur la forme que sur le fond.

Sur la forme, il se manifeste au niveau des personnes choisies par l'entreprise pour mener le recrutement. L'enthousiasme doit rayonner et être ressenti par les candidats comme une dimension essentielle de l'entreprise. Les recruteurs, en tant que premiers contacts qu'aura le futur embauché, en sont le miroir et doivent rayonner de la culture de l'entreprise qu'ils incarnent aux yeux des candidats potentiels. Ainsi, les candidats enthousiastes seront attirés, alors que ceux incapables d'enthousiasme seront mal à l'aise et ne poursuivront *a priori* pas le processus.

L'enthousiasme se manifeste également dans l'image que l'entreprise projette à l'extérieur dans le cadre d'un processus de communication approprié : humanité des intervenants à l'extérieur, messages publicitaires... L'image extérieure de l'entreprise et sa culture sont à l'origine, ou non, des candidatures spontanées des nouveaux talents.

L'enthousiasme se manifeste chez le candidat également dans sa manière de se présenter ou dans la présentation de ce qu'il attend.

Sur le fond, l'enthousiasme se manifeste par :

– la recherche de candidats enthousiastes pour enthousiasmer l'entreprise.
– la recherche des meilleurs car le management par l'enthousiasme repose sur la constitution des meilleures équipes possibles et s'appuie sur l'engagement de chacun dans l'équipe avec ses idées, ses compétences et sa force de proposition. Si l'esprit collectif permet la libération des énergies, il reste essentiel de déceler les meilleurs gisements de création de valeur.
– la recherche des complémentarités tant en termes de compétences que d'approches au travers de tests psychologiques afin de mettre la bonne personne au bon endroit pour optimiser la dynamique collective.

Nous l'avons dit, tout le monde n'est pas fait pour être enthousiaste, mais un enthousiaste sera malheureux dans une entreprise qui ne l'est pas et ne pourra pas lui donner tout son potentiel.

Le recrutement externe est l'opportunité d'intégrer des agents de changement dans les entreprises traditionnelles conscientes de la nécessité de faire évoluer leurs modes de management. De nombreuses entreprises ont ainsi lancé des programmes de recrutement de talents sur des critères variés afin d'accompagner tel ou tel changement souhaité. Les enthousiastes sont souvent repérés dès le processus de recrutement comme des agents de changement possibles. Ils sont généralement très bien accueillis, la direction de l'entreprise les incite à s'exprimer librement, à véritablement rester eux-mêmes et surtout à ne pas chercher à entrer dans le modèle du manager traditionnel de l'entreprise.

Mais, dans de nombreux cas, si le patron de l'entreprise est sincère dans le message, les autres couches du management le sont moins et peuvent se sentir rapidement remises en cause. Ils peuvent voir dans ces agents de changement des concurrents. Aussi, si un changement est souhaité, la communication de la vision est essentielle pour que le programme visé soit une réussite et que les managers en place ne se sentent ni dévalorisés, ni menacés. Sans explication claire, le risque d'exclusion des nouveaux entrants est fort.

L'EXCELLENCE OPÉRATIONNELLE OU CE QUE L'ENTHOUSIASME PEUT AMENER AU *LEAN MANAGEMENT*

L'enthousiasme et le *lean management*

Nous ne pouvons terminer ce chapitre sur la gestion de l'entreprise sans aborder l'un des thèmes aujourd'hui quasi présent dans la totalité des entreprises ou même d'organisations diverses : le *lean management*. Notre propos n'est pas d'en décrire les caractéristiques mais de le relier à nos messages sur l'enthousiasme.

Les idées maîtresses du *lean management*, héritage moderne du Toyotisme, peuvent être résumées de façon simple : la notion clé est celle de la création de valeur et toutes les activités et processus de l'entreprise sont passés au crible d'une seule question. Qu'est-ce qui participe à la création de valeur pour le client final et qu'est-ce qui n'y participe pas ?

Cette notion de création de valeur est très générale et l'intérêt du *lean management* est de la décliner sur toute l'entreprise de façon participative : sa chaîne logistique, son organisation de la production mais également ses fonctions d'innovation, de recherche ou de ressources humaines. De plus, la création de valeur ne s'apprécie plus du seul point de vue financier ; la prise de conscience croissante des enjeux de développement durable de la société depuis le sommet de la Terre de Rio en 1992, a amené l'entreprise à intégrer également la création de valeur humaine, sociale et sociétale pour ses propres salariés mais aussi pour la société civile et les communautés qui l'entourent.

Si cette notion de création de valeur pour toutes les parties prenantes n'était pas présente dans le Toyotisme, force est de constater que le fondement même du *lean management* était, lui, présent dans les écrits et la pensée d'un de ses grands maîtres : Taïchi Ohno dès 1960, invitait à chasser les mudas, c'est-à-dire supprimer toutes les sources de gaspillage (non-qualité, rebuts…).

Dès lors pourquoi près d'un demi-siècle plus tard, redécouvre-t-on les vertus du *lean management* ?

Ceci rejoint naturellement ce que nous avons développé tout au long de cet ouvrage : quelles que soient les théories, les méthodes, ce sont les valeurs et les hommes qui les partagent qui leur permettent de dégager toute leur puissance.

Le *lean management* s'appuie sur de très nombreux outils, certains de nature très opérationnelle (Lean Six Sigma, Kanban, Maîtrise statistique des Procédés,...) et d'autres de nature plus organisationnelle (TPM, Gestion Partagée des Approvisionnements,...). Mais ce ne sont pas les outils en eux-mêmes qui engendrent l'efficacité d'un processus quelle que soit sa nature. On peut mimer le Toyotisme, on peut appliquer mécaniquement des outils, si l'âme de l'action est absente, le *lean management* ne restera qu'un ensemble de rituels dans lequel le cœur sera absent. On rejoint bien évidemment ce que nous avons développé au niveau des valeurs du management par l'enthousiasme.

Une politique, une recherche de « zéro panne », une réduction drastique des délais... ne prennent leur réelle efficacité que si elles sont portées par un manager leader.

Nous avons tous été témoins de réussites exemplaires portant sur les aspects du *lean management* : à l'origine un homme ou une femme se dégagent : c'est celui ou celle qui ressemble au héros de cet ouvrage.

Pour être plus concrets, nous allons présenter deux exemples réels où les éléments clés du management par l'enthousiasme que nous avons décrits dans les parties précédentes ont permis très concrètement d'améliorer la performance opérationnelle dans l'esprit du *lean management*. Dans les deux exemples qui suivent, c'est la liberté d'entreprendre donnée aux équipes, alliée aux compétences individuelles qui a conduit aux résultats. C'est la primauté donnée au terrain et aux hommes et l'instauration d'un climat de confiance partagée, éléments clés du management par l'enthousiasme, qui ont été à la base de ces deux réussites.

Dans le premier exemple, c'est la suppression de réunions magistrales sans valeur au bénéfice d'échanges sur le terrain de nombreuses petites expériences, facilement reproductibles et amenant des résultats. On retrouve le cœur du *lean* ainsi que les concepts chers au Toyotisme des petits pas et de l'amélioration permanente.

Dans le second exemple, c'est la suppression de contrôle et d'un poste sans valeur ajoutée, c'est également la suppression de stocks qui ne se justifiaient que par l'inefficacité de l'organisation en place. L'esprit du *lean* est une nouvelle fois au cœur de l'initiative ainsi que le management visuel et l'amélioration permanente du système, véritables moteurs du Toyotisme.

Comment le management par l'enthousiasme conduit à supprimer des réunions sans valeur ajoutée

Sur la peur d'innover, de faire autrement, voici une expérience vécue par l'un des témoins : le système de management de la sécurité de son entreprise imposait à chaque entité d'organiser annuellement ce qui s'appelait une convention sécurité : il s'agissait de faire une fois par an le point sur les résultats, sur les actions mises en œuvre, sur celles à mettre en œuvre pour se rapprocher de la cible idéale du zéro accident. Ces conventions sécurité prenaient depuis la mise en place de ce système la forme de grands amphis magistraux où étaient présentés beaucoup de chiffres, illustrant les résultats ou le niveau de maturité de l'entité, mesuré selon des grilles extrêmement documentées. L'organisation de telles réunions ne créait pas véritablement de valeur ; obligatoire pour tous, elle devenait une contrainte, mais permettait de cocher une bonne case dans l'évaluation de la « maturité sécurité » de l'entité.

Ce responsable a décidé un jour de proposer une organisation radicalement différente de cette convention sous la forme d'un « rallye » sécurité, où il s'agissait de prendre conscience des progrès réalisés ou réalisables en allant sur le terrain voir la mise en place effective de pratiques ayant localement permis de radicalement améliorer les résultats. Il avait pour cela tout au long de l'année noté lors de ses tours de terrains hebdomadaires les points remarquables à faire partager en ayant identifié une quinzaine de chefs d'équipes particulièrement engagés et prêts à partager leur expérience. L'idée du rallye était pour chacun des participants d'aller rencontrer ses collègues et leurs équipes sur leur terrain habituel d'opération, de les écouter, d'échanger avec eux sur leur expérience. Le responsable était alors convaincu que cela permettrait non seulement de rendre cette fameuse convention sécurité plus vivante mais également beaucoup plus fructueuse par la transversalité sur l'ensemble de l'entité des meilleures pratiques.

Il s'est alors heurté à de très fortes objections de la part de son premier cercle de collaborateurs : « Tu n'y penses pas, cela va être la foire, il y aura des mouvements dans toute l'usine, les gens vont se perdre, c'est trop compliqué, avec la circulation des engins sur le site, nous allons avoir des accidents, ce qui serait un comble dans une convention sécurité. Ça ne peut pas marcher, il faut absolument regrouper tout le monde dans une salle, nous n'avons qu'à illustrer les bonnes pratiques sur des panneaux ».

Une telle contre proposition n'était pas acceptable car elle ne permettait pas le déplacement dans la zone de confort du chef d'équipe et un partage d'égal à égal loin des chefs, loin des présentations formatées ; de plus elle exigeait de la part des volontaires, pour témoigner, un travail supplémentaire de mise en forme sur papier de ce qu'ils avaient expérimenté spontanément et naturellement au sein de leurs équipes. Le responsable de l'entité, manager enthousiaste, a imposé son idée avec l'argument suivant : « Vous êtes tous allés un jour dans un parc d'attraction ; à l'entrée, on vous a donné un plan et les horaires des spectacles ou attractions ; connaissez-vous une seule personne qui n'ait pas trouvé le lieu du spectacle ? »

Convaincu, rassurant, il a obtenu l'accord de chacun. La convention sécurité est devenue un rallye sécurité pour le bonheur de tous les participants qui ont apprécié sa vie et son utilité : rencontres de collègues passionnants, excellentes idées simples à mettre en œuvre immédiatement, disparitions des présentations Powerpoint à rallonge avec leurs litanies de chiffres.

Au-delà de la joie et de la fierté irradiées dans l'organisation, la diffusion des meilleures pratiques s'en est vue largement accélérée et les résultats de l'usine améliorés de façon significative.

Comment le management par l'enthousiasme ouvre les portes du magasin de pièces détachées

Il s'agit une nouvelle fois d'une expérience vécue par l'un des témoins.

Cette entreprise de mécanique avait au centre de ses ateliers un important magasin de pièces de rechange. Sa gestion traditionnelle reposait sur une organisation des plus classiques : un espace fermé, géré par un magasinier auquel on adressait les demandes et qui tenait un inventaire précis des stocks et de leur valorisation.

Une telle gestion présentait bien des inconvénients : la plupart des ateliers fonctionnaient en deux postes alors que le magasinier, lui, ne travaillait qu'à un poste. Bien que ce système fonctionnait depuis de nombreuses années, les conséquences sur l'efficacité de l'entreprise étaient bien néfastes : lors de l'absence du magasinier, les opérateurs trouvaient porte close et devaient attendre parfois plusieurs heures pour obtenir une pièce nécessaire à un entretien ou à une panne de leur machine. Certains avaient pallié ce dysfonctionnement en se confectionnant des stocks occultes de pièces fréquemment nécessaires. Conséquences ? Des arrêts de machines et des consommations de pièces de rechange biaisées par ces pratiques de stocks occultes.

Le directeur de l'unité leur demanda de gérer en interne cette situation. Quelle fut alors leur décision collective ?

Retirer la porte du magasin et mettre jour et nuit le magasin en libre-service ! Une telle décision reposait naturellement sur la confiance de la direction envers les opérateurs et sur la nécessité de mettre en place un système de lancement de réapprovisionnement basé sur un flux tiré accompagné d'un aménagement physique visuel de la consommation de pièces faisant apparaître le seuil de sécurité.

Interrogé sur cette innovation, le directeur enthousiaste se montra très satisfait : « Je fais confiance à l'homme et je suis gagnant, les opérateurs sont davantage motivés et n'ont de cesse que d'améliorer le management visuel du système ; par ailleurs, j'ai gagné pour cette activité le salaire du magasinier ainsi que l' « élimination » des stocks occultes. Pensez-vous que ces économies ne compensent pas les pertes dues à une éventuelle indélicatesse d'un opérateur venant « emprunter » une de ces pièces pour son usage personnel ? »

Les enseignements clés de cette expérience tiennent en quelques mots : un climat de confiance, une valorisation des tâches basées sur la compétence des opérateurs et… une économie substantielle !

Nous aurions pu présenter de nombreux autres exemples issus des expériences de nos managers enthousiastes mais ce n'était pas l'objet de notre ouvrage. Il ne s'agissait une fois encore que de faire prendre conscience de la puissance d'un management qui donne la priorité au développement des hommes et des équipes et crée toutes les conditions pour que les hommes et les femmes de l'entreprise délivrent tout leur potentiel de création de valeur au travers leur imagination et leur énergie collective.

Conclusion

À LA RECHERCHE CONSTANTE D'UNE RÉUSSITE COLLECTIVE ET INDIVIDUELLE

Il est toujours difficile de conclure un ouvrage ou de le résumer en quelques phrases. S'il y a deux idées que nous voudrions que vous reteniez, ce sont les deux piliers majeurs de notre livre :

- La conviction que l'enthousiasme des dirigeants est aujourd'hui un facteur clé de succès de l'entreprise et qu'il contribuera largement à leur succès de demain. Cette conviction vaut pour toutes les équipes, si petites ou éloignées des sphères dirigeantes soient-elles.
- Par l'importance qu'il accorde aux hommes et aux femmes de l'entreprise et aux valeurs qu'ils partagent, l'enthousiasme participe fondamentalement à la construction de l'individu, du manager et des membres de son équipe et c'est ce qui lui donne toute sa puissance. La force de l'enthousiaste réside dans sa capacité à faire grandir chaque individu dans l'exercice de sa mission ; en donnant du sens à son action, il amène chacun à exprimer tout son potentiel, visible et parfois inattendu.

La première idée est soutenue par la mise en évidence des apports de l'enthousiasme ou dans les réussites de l'entreprise. L'enthousiasme porte toutes les chances de faire gagner une équipe : les acteurs sont motivés, les indicateurs de performances classiques sont dépassés, des scénarios nouveaux et ambitieux émergent du collectif, un nouvel environnement de travail permet de se surpasser, l'innovation est déployée, le climat de travail est amélioré…

Nous imaginons ce que la plupart de nos lecteurs vont se dire : si l'enthousiasme est une telle clé du succès, si l'enthousiasme doit devenir indispensable au management moderne sous peine de voir les meilleurs talents s'éloigner, pourquoi si peu d'entreprises l'adoptent réellement et le placent au cœur de leurs préoccupations ?

Nous ne reviendrons pas ici sur les freins, les obstacles, les limites que nous avons développés comme des excuses à ce peu d'engouement des entreprises pour le management par l'enthousiasme au-delà des discours. Forts de nos convictions, sûrement animés par un feu enthousiaste et un peu fou, nous ne désespérons pas de transformer le monde de l'entreprise pour que, comme l'a dit un jour Socrate, plus personne ne travaille et que chacun s'épanouisse pleinement dans ses actions quotidiennes au service de missions qui lui plaisent. La vie professionnelle et la vie profane ne connaîtraient plus alors de frontières étanches.

En réalité, il y a beaucoup plus de managers enthousiastes qu'il n'y paraît. Seulement, ils restent discrets, de peur peut-être d'être démasqués ! Il suffit d'écouter la radio ou de regarder la télévision. La même journée, un dirigeant d'une grande compagnie aérienne, peu connu du grand public, qui se reconnaîtra, disait sur une grande radio d'information : « Mon entreprise, c'est l'entreprise du verre à moitié plein, toujours tournée vers l'avenir et les perspectives de croissance ». Et à la question : « Qu'est ce qui vous a permis de réussir ? », il répondait : « donner envie aux équipes de venir travailler le matin ; le cœur est plus important que l'intelligence dans l'entreprise ». La même journée, un reportage sur la télévision montrait un jeune américain qui avait fait fortune en créant sa société de production de mini-caméras aujourd'hui leader sur le marché. Il expliquait : « je n'aurais jamais réussi sans l'échec de mon premier projet d'entreprise ». Ces deux derniers exemples viennent soutenir la deuxième idée directrice du livre.

Cette seconde idée est davantage tournée vers l'homme et ses valeurs. Les qualités que nous avons attribuées au manager enthousiaste et à ses équipes ne sont-elles pas celles qui constituent les bases d'un nouvel humanisme à rechercher dans la société ? L'exercice d'un management par l'enthousiasme repose, comme on l'a vu, sur des valeurs portées par un leader mais celles-ci ne sont-elles pas appelées peu à peu à interroger tous les acteurs concernés par le progrès ? L'enthousiasme peut alors devenir, en plus d'un facteur d'efficacité dans l'entreprise, un vecteur de progression et de réussite personnelle. L'apprentissage au sein de l'entreprise ne serait alors qu'un terrain de progression personnelle. L'entreprise pourrait alors être une école d'apprentissage de valeurs grâce au collectif et cette école constituerait un catalyseur pour cultiver, à titre personnel, les valeurs appréhendées dans son œuvre professionnelle.

En effet, la plupart des valeurs que nous avons associées à un management par l'enthousiasme sont en fait des valeurs universelles, ferments d'une société plus humaniste. Ces bribes qui se sont cultivées à l'intérieur des équipes professionnelles participent *in fine* à un enrichissement personnel qui dépasse le seul monde de l'entreprise.

De nombreux exemples tirés de ce qui précède et notamment des témoignages vont illustrer ces propos : l'éloge de la confiance, l'importance de la communication, du développement des hommes, le désir de progresser voire de se surpasser ne participent-ils pas à ces valeurs personnelles qui seraient susceptibles de bâtir une société plus humaine ? L'écoute de l'autre, l'ouverture aux idées d'autrui, fussent-elles différentes des nôtres, la recherche de sens dans l'action, la responsabilisation... sont une autre série de ces qualités qui s'inscrivent dans le même ordre d'idées.

Dès lors, adhérer à ce management par l'enthousiasme devient un mouvement philosophique où l'homme peut progresser. Il s'agit alors d'un cheminement personnel qui va très au-delà de la seule réussite de l'entreprise.

Bien sûr, ces considérations peuvent relever de l'utopie mais dans la société actuelle où l'on est en quête de sens, pourquoi refuser une dose d'utopie ?

Si l'on n'accepte pas cette potentialité de progression personnelle, ne sommes-nous pas, à l'instar des comportements mécanistes que nous avons décrits dans les entreprises classiques, condamnés à accepter passivement une société sans chercher à l'améliorer par une progression initiale de nous-mêmes ?

Poursuivons notre utopie. Imaginons une société où ce que nous avons dit à propos de l'entreprise se transposerait au niveau de la société : suivre ou devenir des leaders d'actions sociales, économiques ou même politiques animés par ces mêmes valeurs qui font qu'un des buts de la vie devienne une recherche de progrès dans le collectif !

Et concrètement, que faire ? Comment initialiser le processus ?

Ce livre est une première étape. Son écriture a été elle-même une aventure enthousiaste : nous sommes partis à trois et finalement ce sont plus d'une vingtaine de personnes qui ont écrit et, plus encore, qui nous ont donné des idées, qui nous ont donné l'envie d'aller plus loin. Tous ont exprimé leur envie de participer, de suivre, de partager notre rêve.

Alors pour que de ce livre il ne reste pas que des mots, pourquoi ne pas lancer un certain nombre d'initiatives pour que les enthousiastes se reconnaissent, se regroupent et que leurs rangs ne cessent de grossir. Prolongeons notre vision utopiste :

– Si vous avez apprécié ce livre, s'il vous a fait du bien même s'il ne vous a pas complètement convaincu, faites le lire autour de vous, disséminez des graines d'enthousiasme tout autour de vous. Ces graines germeront et transformeront le monde autour de vous. Faites le lire à vos enfants, aux jeunes que vous rencontrez afin de combattre un petit peu, à la mesure de chaque individu, la désillusion qui tend à gagner la jeune génération confrontée au cynisme de l'économie.

– Construisons un site d'échanges d'expériences enthousiastes où les enthousiastes parleraient aux enthousiastes, où de nouveaux témoignages pourront venir compléter ceux publiés dans ce livre.
– Créons un club des enthousiastes ouvert à tous. Ses membres seront invités à identifier les entreprises et les organisations enthousiastes, celles où ils travaillent, celles où leur enthousiasme est une qualité reconnue. Ils pourront aussi faire connaître *a contrario* les lieux où l'enthousiasme n'a pas sa place. Être membre de ce club pourrait également devenir un atout pour un futur employeur. Et pourquoi pas une communauté d'enthousiastes au sein du réseau Linkedin ?
– Organisons des rassemblements d'enthousiastes pour se ressourcer, se faire tout simplement du bien.
– Et pourquoi ne pas créer un nouvel indice d'évaluation des entreprises et des organisations à l'image du classement « best place to work ». Pour le classement des entreprises enthousiastes, le principal critère pourrait être le nombre d'employés qui les connaissent de l'intérieur et qui leur diront à la manière moderne « I like » sur Internet.
– Les employeurs eux-mêmes pourraient se faire connaître auprès du club des enthousiastes au travers leurs réalisations et recruter au sein du club.
– Pourquoi pas un secrétariat d'État à l'enthousiasme ou à l'optimisme s'appuyant sur des expériences potentielles, exemplaires ou réussies !

L'enthousiasme n'est qu'un jalon, une voie à suivre. Continuons courageusement à partager notre rêve !

« Le pur enthousiasme est craint des âmes faibles qui ne sauraient porter son ardeur et son poids. Pourquoi le fuir ? La vie est double dans les flammes ! »
Alfred de Vigny

ANNEXE

Découvrez dans les pages suivantes la suite des témoignages du clan Favi. Vous y trouverez les expériences pleines de valeurs, d'humour et d'humilité, de ceux qui ont fait le succès de cette entreprise enthousiaste.

Alexandre Gérard, émule de Favi, créateur d'entreprise

Les conditions d'émergence de l'enthousiasme :

1. Aimer son travail.
2. Aimer les gens.
3. Avoir des succès.
4. Une capacité à se marrer.
5. Partager ses émotions.
6. Envie de réussir collectivement.
7. Ne pas faire passer sa carrière en premier.
8. Ne jamais douter.
9. Une envie de challenge.
10. Rester toujours honnête et transparent.

Éric Normand, émule de Favi, directeur général d'une usine Thalès

« Le management par l'enthousiasme, un management zen. »

- *Ma définition du management par l'enthousiasme*

Le management par l'enthousiasme est plus qu'un état d'esprit, c'est l'art de manager en partageant ses émotions en vue de générer l'envie.

- *Les intérêts*

Du point de vue égoïste, cela permet tout d'abord de prendre soin de soi et de prendre du plaisir indépendamment des contraintes et des difficultés rencontrées. C'est une hygiène de vie : la Zen attitude et la sérénité.

C'est aussi le carburant de la « locomotive » du leadership. L'enthousiasme est un des pré-requis du leadership et de la capacité du manager à mobiliser les troupes autour de challenges. Donner envie de réussir collectivement des projets ambitieux.

Pour illustrer : « L'enthousiasme est à la base de tout progrès » (Henry Ford).

C'est aussi un bon moyen de donner de la cohérence, de garder le cap quelles que soient les difficultés rencontrées tout en conservant la motivation des équipes.

Pour illustrer : « Le succès, c'est d'aller d'échec en échec sans perdre son enthousiasme » (Winston Churchill).

Il permet de poser le non-doute et la maîtrise de soi, de générer la confiance. L'enthousiasme entraîne de l'admiration auprès des équipes et la reconnaissance de sa position de « chef ».

C'est aussi un agent démultiplicateur de la positive attitude. À l'opposé à force de dire que tout va mal, tout va forcément mal ! Il est toujours possible de voir les choses négativement de noircir le tableau et de montrer que les choses vont dans la mauvaise direction. Le management par l'enthousiasme permet de créer un environnement positif autour de soi, de façon élargie au sein de l'entreprise, de positiver et de capitaliser sur les succès.

Le risque de l'enthousiasme : Le danger majeur est de ne plus voir les menaces, d'être dans l'incapacité d'envisager le pire et d'être aveugle face aux dangers. C'est l'overdose d'enthousiasme !

Le remède : s'assurer de disposer toujours dans son équipe proche d'un « chapeau noir ».

La conclusion : Le management par l'enthousiasme n'est pas sans risque mais une efficacité collective indiscutable et un facteur de pérennité !

Nadège Anselme, dirigeante d'entreprise de métallurgie, disciple de Favi

Le management par l'enthousiasme, c'est…

E comme enchanteur.

N comme neutraliser.

T comme tenace à l'objectif.

H comme humain dans son animation.

O comme opportunités saisies.

U comme « un pour Tous et Tous pour un ».

S comme superlatif (et oui on en fait toujours un peu trop !).

I comme imaginer notre futur qui dépend de nous.

A comme aimer ses équipes.

S comme savourer chaque moment.

M comme merci, c'est grâce à vous …

E comme s'émerveiller de tous.

Si je devais définir l'enthousiasme, cela tournerait autour de la capacité à générer du plaisir, de l'envie, de l'effort aussi et de les partager, et ainsi d'entraîner l'équipe vers un but commun. Une notion d'énergie souriante, tout à la fois exigeante et confiante. Donner envie !

L'enthousiasme est pour moi le meilleur vecteur pour générer l'envie, mobiliser les autres, grimper ensemble la montagne.

La notion de plaisir me semble très liée à celle d'enthousiasme : si nous avons envie de faire les choses, alors nous déplacerons n'importe quelle montagne.

L'un des bénéfices évidents de l'enthousiasme, s'il est mesuré, réel, est qu'il s'auto-nourrit et se multiplie : une fois la graine de l'enthousiasme semée chez d'autres, elle pourra grandir, même chez les moins optimistes.

Ayant repris une entreprise de 20 personnes dans la métallurgie depuis moins de 2 ans, je fais face, chaque jour, à des problèmes nouveaux, certains épineux, et je touche mes limites chaque jour. L'enthousiasme que je cultive m'aide au quotidien. Il s'agit de tout sauf de béatitude et de positivisme systématique, mais d'une façon positive d'envisager les problèmes, les alternatives.

Je pense que l'enthousiasme génère aussi du courage et la capacité d'inventer des solutions, d'ouvrir, de construire. Cette notion d'envie me donne une énergie très stimulante, et je pense, j'espère, qu'elle est ressentie et transmise en partie à notre équipe.

Je vois dans notre équipe l'enthousiasme se développer, par bribes, et c'est un cercle vertueux très agréable à voir s'enclencher et s'épanouir. Je suis persuadée qu'on travaille mieux quand on en a envie et qu'on en retire du plaisir, de l'épanouissement. L'enthousiasme est un vecteur.

Si je suis persuadée que certaines personnes ont naturellement une dose d'enthousiasme plus élevée que d'autres, je pense cependant que l'enthousiasme peut se décider, se cultiver, se développer.

C'est aussi une politesse et un devoir qui peut permettre de rassurer, de guider et de mobiliser, y compris dans les périodes les plus difficiles. C'est peut-être et surtout dans ces moments-là que l'enthousiasme fera la différence.

Sébastien Buathier, directeur de PME, disciple de Favi

Voici un témoignage à froid d'un patron de 40 ans, d'une PME avec 3 secteurs d'activités autour du travail du métal :

- fabrication des pièces métalliques pour le secteur du luxe (maroquinerie, bijouterie, accessoires stylo…) ;
- sous-traitant en métallerie (habillage en tôle de machine-outil, fabrication de profilés aluminium usinés pour le bâtiment…) ;
- conception, fabrication et vente de mobiliers urbains.

Cela fait 10 ans que je dirige cette société qui est passée de 12 à 50 personnes et de 1,3 M€ à 8 M€ de chiffres d'affaires.

Après avoir appliqué ce que l'on m'a appris en école d'ingénieur et lors de mes premières expériences professionnelle, j'ai décidé de changer mon mode de management.

- *Avant*

Structure lourde, embauche de cadres pour la qualité, la production…

Pour surveiller, contrôler, reporter à moi-même pour justifier son poste et quand ça ne marche pas, c'est la faute de celui qui fait !

Et comme je suis passionné par les relations humaines, j'ai plutôt appliqué des principes sans forcément être en accord avec moi-même.

- *Depuis 1 an*

Je suis censé embaucher encore plus de structure car la croissance progresse.

J'ai dit stop !

J'ai appliqué les principes de Jean-François Zobrist : l'homme est bon, la performance vient des ouvriers…

Par contre, j'ai également impliqué la structure dans mon délire !

- *Être enthousiasme, c'est d'abord se connaître et savoir pourquoi ?*

Pourquoi j'ai décidé de reprendre la société BCM, créé par ma mère, pourquoi je veux la développer, pourquoi je veux la mener très loin ?

Quand on a sa propre réponse, c'est plus facile de définir la vision du dirigeant.

Ensuite, c'est savoir partager sa vision avec tout le monde.

Partager, c'est dans les 2 sens et avec tout le monde !

Chez BCM tout le monde a accès au bureau de Sébastien.

- *Visite de l'inspection du travail*

Lors d'un contrôle par l'inspection du travail, on fait un tour d'atelier avec les délégués du personnel et l'inspecteur leur demande s'ils font bien une réunion régulièrement.

Les délégués demandent pour quoi faire ?

Inspecteur : « Quand vous avez des problèmes entre vous ou avec vos responsables ? »

Les 2 délégués : « Mais quand on a un problème, on va voir Sebastien ! »

Inspecteur : « Qui est Sebastien ? »

Je lui réponds : « Et bien c'est moi ! »

Inspecteur : « Je peux vous voir à part ? »

Il les prend à part : « Maintenant vous pouvez me dire librement les choses, d'ailleurs, je vous laisse mes coordonnées en cas de problème. »

Les 2 délégués : « Mais encore une fois, si on a des problèmes et qu'on ne peut pas les régler en interne, on va voir notre patron, son bureau est ouvert ! »

Je ne sais pas si l'inspecteur les a bien compris, mais je ne l'ai jamais revu !

L'enthousiasme, c'est de savoir partager, le positif, comme le négatif.

- *Illustration*

Un de nos plus gros client refait un appel d'offres et le marché actuel que l'on a est remis en cause (3,5 M€). J'ai réuni le chef de projet (celui qui fait rentrer le dehors dedans et qui s'occupe des prix), avec tous les ouvriers qui travaillaient pour ce client. Je leur ai expliqué dans sa totalité le contexte et j'ai demandé de mettre en place un plan de bataille.

D'eux mêmes, ils se sont tournés vers le chef de projet « donne nous à chacun les gammes de fabrication qui nous concernent et nous allons remplir les temps réels de fabrication et la matière exacte que nous consommons ».

Ils ont rendu leur copie sous une semaine avec pour chacun des idées d'amélioration de la productivité et le chef de projet m'a donné les prix de revient réel et la cotation des investissements nécessaires pour réaliser les idées données par les ouvriers !

Nous avons remis notre offre et attendons la réponse du client.

On risque de perdre ce client, ou pas…

Comment voulez-vous que les gens ne soient pas heureux au travail quand on les implique comme cela ? En plus, si l'on perd le client, ils savent que l'on aura tous fait le maximum pour se battre !

Michel Munzenhuter, émule de la première heure (1990), directeur général de SEW USOCOM

- *L'enthousiasme ?*

Nous avons démarré en 1989 avec notre projet d'entreprise que nous avons baptisé « performance ».

Pourquoi ? Parce que nous sommes convaincus qu'une bonne ambiance de travail est la clé de la performance d'une entreprise.

Et la performance permet de se donner les moyens pour soutenir cette bonne ambiance.

Les conditions pour passer d'un simple cadre de travail à un cadre de vie agréable au travail nécessite de supprimer au maximum toutes les pénibilités sur son lieu : le bruit, la chaleur, le froid, les efforts, la liste qui démoralise et stresse est longue, et toutes ces contraintes sont réductrices.

La différence de la pérennité des entreprises est le résultat de la performance des hommes et des femmes. Cette performance provient de la somme du savoir, du vouloir, et du savoir quoi faire et pour qui ?

Pour continuer à progresser en savoir et être motivé il faut bien entendu une bonne dose d'enthousiasme.

L'enthousiasme, c'est l'ardeur, la passion, le désir de bien faire son travail.

Quand une personne est respectée et traitée de façon égalitaire, elle est dans les meilleures conditions pour faire des efforts et son enthousiasme est au plus fort.

Le rôle des managers est d'aider l'ensemble de ses collaborateurs à développer encore davantage cette envie de progresser, il faut qu'eux-mêmes puissent faire partager leur flamme afin d'adhérer et de s'approprier des objectifs communs.

L'enthousiasme est une forme d'énergie, d'optimisme, d'engouement qui permettra de mobiliser pour plus de plaisir à sa tâche.

• *Mais l'enthousiasme comporte des risques*

J'aimerais néanmoins soulever le côté risqué de l'enthousiasme : la fougue, l'emballement, l'exaltation. En effet, développer uniquement de l'enthousiasme sans s'assurer de posséder l'ensemble des moyens et des ressources nécessaires pour réussir son challenge peut conduire à de très graves désillusions. Dans le domaine sportif, les exemples sont nombreux, on annonce trop souvent, « on est enthousiaste », la victoire avant de démarrer l'épreuve.

• *Des jalons nécessaires pour cadrer l'enthousiasme*

Pour éviter ces déconvenues, nous avons mis en place des jalons structurés pour bien organiser son service.

Le premier consiste à bâtir des relations de respect, d'équité et de confiance. Cela implique de passer d'un management de contrôle à un management d'aide.

Le deuxième principe mise sur le développement de l'appartenance et de l'autonomie des équipes. Dans un cadre bien défini, l'équipe est libre et responsable de mener des initiatives pour le bien l'entreprise et pour satisfaire au mieux nos clients.

Le troisième est de permettre à chacun de développer son plein potentiel pour grandir au sein de notre entreprise et en dehors de l'entreprise

Sans ces jalons et en donnant uniquement de la liberté d'agir, le risque de l'échec est important.

Le personnel a besoin d'être en confiance, c'est-à-dire d'être assuré que s'il y a des difficultés, il peut compter sur des aides. Il s'agit nullement, quand quelqu'un tombe dans un trou, de vouloir sauter dans le trou avec lui pour l'en sortir mais si on est dans le trou, savoir que dans tous les cas, une main sera tendue pour essayer de l'en sortir.

Il faut se rappeler qu'on gagne toujours ensemble et qu'on perd toujours tout seul. Dans ce cas l'enthousiasme est un facteur supplémentaire de réussite mais n'est en aucun cas le facteur miracle.

Dominique Verlant, directeur industriel et commercial chez Favi

- *Management par l'enthousiasme*

Les ressources insoupçonnées que nous possédons tous, ne peuvent se révéler que par la stimulation de deux sentiments très forts, renfermés depuis la nuit des temps : sentiment de peur ou d'amour. J'oublie le premier où se déclinent en termes de management, les leviers de la carotte et du bâton, avec ses objectifs individuels, son contrôle sanction, créant le stress, la peur pour le collaborateur d'échouer, de communiquer, de partager, d'envisager un « en dehors » et d'entreprendre.

Le deuxième sentiment se caractérise en management par le plaisir et l'envie de faire et d'explorer. On peut parler ici du management par l'enthousiasme ou de management d'intention. C'est en fait l'amour du sujet et le désir de le voir se réaliser, qui prime sur l'objectif.

La caractéristique du management par l'enthousiasme est qu'il distingue la finalité. Il induit ainsi le travail en équipe, ouvre l'esprit rend créatif, et surtout s'adapte aux circonstances. Le projet procure de la joie, et le résultat : la résultante de toutes les contributions.

Le management par l'enthousiasme porte le souffle de l'innovation : « Comment faire plus, pour que le client nous aime davantage ? » Le message fait écho auprès des équipes ! Le manager accompagne, donne les moyens, encourage, relance, valorise et donne de la reconnaissance, et ce n'est pas à l'arrivée de l'étape que l'on encourage le coureur mais sur le parcours et particulièrement aux lieux des principales difficultés. Le bouquet à l'arrivée et la photo le lendemain dans le journal, c'est la reconnaissance !

Exemple : « Comment faire plus, pour que le client nous aime davantage ? » Ce qui n'est pas en soi un objectif.

Un projet est né, projet cinématographique, où la future équipe de production s'est retrouvée à la caméra, où le commercial devient reporter, où l'informaticien assure le montage et la mise en ligne, un projet spontané 100 % maison. Sur notre site internet a été créé un portail avec accès privé pour que nos clients puissent suivre par de petites vidéos en ligne l'avancement de leurs nouveaux projets d'investissements en industrialisation à Favi. Résultat : un projet et un plaisir partagé par des remontées positives des clients !

Le management par l'enthousiasme fabrique du lien social, crée des projets rassembleur, où s'associent et se développent les compétences.

Christophe Thocquenne, manager et managé chez Favi pendant 15 ans

À force de faire et de refaire, nous ne savons même plus comment nous le faisons. Je dois avouer que lorsque la proposition de « poser » sur le thème « le management par l'enthousiasme » m'est arrivée, j'ai dû me demander ce qu'était la définition de ce mot.

Je ne me souviens pas si dans les 20 premières années de ma vie, j'étais aussi enthousiaste que maintenant. Il va falloir que je recherche dans ma mémoire, ce serait intéressant de savoir si l'on naît avec cette « fonction ».

Dans la vie active, j'ai eu la chance de ne faire que de très courtes missions dans 2 sociétés avant d'arriver chez Favi. Je dis « chance » car je n'ai pas eu le temps d'être « modelé » à un schéma classique d'entreprise, de rentrer dans une norme hiérarchique et de *reporting.*

La première définition que j'ai lue concernant l'enthousiasme m'a surpris : inspiration ou possession par le divin ou par la présence d'un dieu, sous-entendu une communication divine. Suis-je vraiment membre d'une secte ?

Et bien oui, et j'en suis conscient depuis maintenant une petite dizaine d'années. Mais je qualifierais plutôt mon environnement de communauté que de secte. Pendant quinze ans, j'ai bu les bonnes paroles de mon directeur. Durant les 3 premières années, je n'en comprenais qu'un dixième (et encore) mais je les appliquais et me les répétais assidûment.

C'est au moment où il m'a fallu les transmettre, en relation avec le monde « extérieur », que j'ai commencé à comprendre leurs sens. Maintenant, j'arrive à voir les différents mondes dans lesquels je vis. Je sais aussi lequel est mon préféré, celui qui m'a élevé. Tout était là pour faire naître le collaborateur que je suis, l'enthousiaste, le créateur de rêves. Aujourd'hui, si j'avais à décrire un enthousiaste, ce serait une personne pour qui :

- L'avenir est fait de rêves. Comment y aller, et quand ils se réaliseront, est totalement indifférent et inexplicable. Dans toutes décisions que nous prenons, il y a une part de mystère que nous ne maîtrisons pas et qui peut nous faire prendre des chemins complètement contraires à la route que nous avions prévue. L'important est de ne pas perdre la cible de vue.
- Le passé est important mais quand il est « utilisé » en capitalisation d'informations. Ce n'est surtout pas un modèle que nous devons dupliquer car l'environnement bouge très vite et les données d'entrées d'une situation à l'instant T sont toujours différentes.

– L'analyse est immédiate et l'action doit être mise en place dans la foulée. Ne pas bouger, c'est mourir (mais ne veut pas dire faire une pause pour contempler le chemin parcouru et réfléchir sur le futur proche).
– L'erreur est acceptable (*a contrario* de la faute qui est une reproduction de l'erreur) et est source d'enrichissement. Le parfait, son graal, est une succession d'imparfaits.
– Du positif, du positif… et toujours du positif. Il doit savoir transformer une situation négative en éléments positifs.
– Fédérer une équipe est très important, non pas pour montrer qu'il est à l'origine de l'action, mais pour s'entourer de compétences afin de réussir le projet.
– La valorisation de l'équipe, et surtout si elle l'accepte, est une sorte de communion avec sa philosophie de vie.
– Passer d'un projet à un autre n'est pas un souci. C'est un moyen de partager, de convaincre et de fédérer d'autres personnes à le suivre dans une autre mission (est-ce une forme de croisade ?).

Seul, l'enthousiaste n'est pas méchant. Il vit sa vie tranquillement, peut-être à l'écart des autres car mal-compris, mais il arrive parfaitement à s'adapter à la vie en groupe.

• *Oui mais… dans le management ?*

Il y a deux façons de voir l'enthousiaste dans un groupe : en tant que collaborateur ou en tant que manager. Étant dans les 2 postes, je vous livre mes ressentis.

• *L'enthousiaste collaborateur*

Épagneul (chien de chasse servant à lever le gibier), beagle (chien de chasse en meute) ou saint-bernard (chien de sauvetage) ? Il est un peu des 3 et c'est un très bon rôle :

– Il donne de l'impulsion : en interne, c'est lui qui motive le groupe et qui le décide à bouger, à passer à l'action.
– Il fédère le groupe.
– Il sait très bien retenir le groupe face à un danger et le ramener sur la bonne route du projet.

Pour le manager, c'est un des piliers du groupe. Il relaie la notion de « motivation ».

- *L'enthousiaste du manager*

Le manager est quelqu'un qui doit être créateur de plaisirs, de bonheurs, de confiance et d'autonomie.

Il n'y a pas de productivité sans bonheur : si nous ne prenons pas plaisir à faire notre tâche, elle ne sera pas complètement aboutie. Et c'est applicable à n'importe quel poste dans lequel nous puissions œuvrer.

Dans la plupart des équipes que j'ai managées, c'est le premier élément que j'ai regardé : les personnes ont-elles plaisir à accomplir leurs tâches ? Majoritairement, c'est « non » et sans savoir le pourquoi. Tout en faisant bien attention de ne pas tomber dans les travers des complaintes habituelles, un travail de dialogues et d'échanges se met en place. Il faut comprendre quels sont les freins (de la personne ou de l'environnement).

Quand le manager est un enthousiaste, il doit bien prévenir son équipe sur ce qu'il est et comment il travaille. Cette transparence et ce partage d'expériences sont nécessaires car l'enthousiasme pourrait être considéré, ou confondu, à de la folie par ses collaborateurs et créer un sentiment de peur accompagné d'une réaction de fuite (la non-adhésion).

Le fait de raconter, idéalement de montrer, les missions passées crédibilise les dires. C'est aussi ce qui permet de créer un climat de confiance qui se décompose en 2 phases : la confiance envers les collaborateurs en leur donnant de l'autonomie tout en ayant validé au préalable leurs aptitudes et ensuite la confiance des collaborateurs envers le manager.

Par expérience, ce n'est pas facile. Quand j'ai commencé ma fonction de manager, il m'avait bien été précisé que manager c'est répéter. Et c'est vrai.

Pour le manager enthousiaste, il lui faut sans cesse répéter à son équipe quel est son idéal (l'objectif de la mission), toutes les leçons tirées des étapes précédentes (en ayant tiré le positif des étapes non abouties) et que tout est possible. C'est par confiance que ses collaborateurs le suivront et mettront de la bonne volonté à leurs œuvres.

Il est obligé de répéter car ce n'est pas un manager « traditionnel ». Les règles, il les connaît très bien et les respecte mais dans sa mentalité, il est hors normes et c'est déstabilisant pour ses collaborateurs car il y a peu de repères extérieurs.

- *Quand un manager enthousiaste manage un collaborateur enthousiaste…*

C'est l'extase projet… Ayant vécu à plusieurs fois les 2 situations, j'ai toujours trouvé plaisir à œuvrer dans le projet. On se comprend, on se respecte : tous les éléments sont présents pour que le projet aboutisse dans les meilleures conditions.

C'est l'orgasme projet... quand le manager se rend compte, au fur et à mesure des projets menés, que ses collaborateurs ont intégré les valeurs transmises et qu'ils les appliquent.

- *Mais alors...*

En réflexion des éléments ci-dessus, le manager enthousiaste serait-il :

- Un laveur de cerveaux ?
- Un croisé ne rêvant qu'à un idéal et occultant les dégâts laissés après son passage ?
- Un virus ?
- Un manager d'innovations ?

Jean-Luc Daussy, opérateur puis leader chez Favi

- *Voici ma vision du management, mon rôle et ma naissance en tant que manager*

Opérateur à mes débuts, l'envie d'aider mes collègues lors de réglages, de planification et d'autonomie fut je pense, à la naissance de mon rôle de leader au sein de l'entreprise Favi.

L'année suivante, je pris donc mon rôle de leader, avec ce qui était ancré dans mes entrailles : l'autonomie, la gestion des axes de progression, des priorités d'amélioration et surtout du management humain.

On m'avait laissé la liberté de gestion de ma mini-usine donc de pouvoir partager mon enthousiasme de liberté et de créativité, amener mon groupe à innover sur leur ligne de travail, ne plus les laisser dire « que faire ? » mais faire/faire. L'homme est riche de créativité hors travail, donc l'écouter et l'aider dans son enthousiasme l'aide à s'améliorer.

Être avec le groupe lors de récupération ou de surproduction, lier des liens de compagnon (leur apporter le casse-croûte), partager l'écoute, vivre en groupe et non pas en tant qu'individualiste semble primordial.

Pas besoin de diplôme pour être enthousiaste, l'écoute, le participatif, l'envie de travailler ensemble sont des valeurs essentielles. Pas de réflexion lors de certains retards, écouter le pourquoi et faire certaine passe sur le quart d'heure et lors d'un besoin de sur-commande, le participatif se fera de façon naturelle en tout enthousiasme.

L'enthousiasme de bâtir sur des valeurs communes de confiance et non pas de hiérarchie.

Bernard Hetru, opérateur puis leader et redevenu opérateur à sa demande

Moi, simple ouvrier de ferme, chauffeur de tracteur, je suis rentré chez Decayeux Loison, créateur de Favi, comme cariste dans les années 75.

J'ai travaillé ensuite, sur une machine-transfert. Je me suis vite rendu compte que les machines comptaient plus que les personnes : production, cadences... Ensuite, je suis rentré chez Favi, une usine comme bien d'autres, travailler sans réfléchir car le chef en ce temps-là disait : « un ouvrier qui pense ne travaille pas ».

Un jour, nous avons changé de directeur et ma vie a basculé du tout au tout : le nouveau personnage s'intéressait plus à ses ouvriers qu'à ses machines !

On discutait en général de tout et un jour, il m'a demandé quelle serait mon ambition pour être indépendant et ce qui m'intéressait de faire pour être mieux sur mon poste de travail. Alors moi, bavard, j'ai commencé à lui dire : « Les chefs nous prennent pour des imbéciles, donc je passe à l'action ». Je lui ai demandé de m'occuper de ma propre production ; il m'a répondu : « Pas de problème » !

Alors, j'ai retroussé mes manches et je me suis mis à la tâche. Pas facile ! D'échelon en échelon, je suis devenu aide régleur, puis régleur puis leader du plus important marché de fourchettes de boîtes de vitesse en ce temps-là (fourchettes Sman) aidé par des personnes compétentes sous l'œil vigilant de mon directeur en cas de problème.

Nous avons été choisis pour aller au Japon avec notre directeur, Jean-François Zobrist et d'autres directeurs. J'ai mis en place des améliorations sur nos machines afin d'avoir moins de pénibilité au poste et effectuer une livraison journalière. Après une dizaine d'années « leader », j'ai décidé d'arrêter car j'étais au bout de mes connaissances. J'ai passé la main à un de mes opérateurs avec succès... donc je suis retourné au point de départ comme je l'avais prévu.

Merci M. Zobrist pour l'enthousiasme au travail car on avait le droit d'aller boire un café, de discuter d'améliorations avec ses collègues et avec les responsables mais aussi avec le directeur quand il passait faire un petit bonjour dans les ateliers.

BIBLIOGRAPHIE

BAS O., *L'envie, une stratégie : quand l'enthousiasme stimule la performance de l'entreprise*, Éditions Dunod, 2015.

BENOÎT C., *Motivez par l'enthousiasme*, Éditions d'Organisation, 2014.

BENTEGEAT H., *Aimer l'armée, une passion à partager*, Éditions Dumesnil, Paris 2012.

GODET M., LEBAUDE A., RATTE P., *La France des bonnes nouvelles*, Éditions Odile Jacob, 2012.

PAPIN R., *Former de vrais leaders, c'est encore possible*, Éditions Dunod, 2014.

PEALE N. V., *L'enthousiasme fait la différence,* Éditions un monde différent, 2008.

SERIEYX H., *Le choc du réel*, Éditions Eyrolles, 2014.

VERMÈS A., *Piloter un projet comme Gustave Eiffel*, Éditions Eyrolles, 2013.

ZOBRIST J.-F., « Le management FAVI : l'essentiel du management par la confiance du petit patron naïf et paresseux ». Disponible sur : <www.favi.com>.

Sur la même thématique, découvrez également :

Julie Bastianutti
Frédéric Petitbon

La proximité, une stratégie !

Six questions
pour mettre l'homme
au cœur de l'entreprise

DUNOD